【中国人格读库】

国家新闻出版广电总局
培育和践行社会主义核心价值观主题出版重点出版物

闻一多传

高占祥 主编

刘美惠 著

北京时代华文书局

图书在版编目（CIP）数据

闻一多传 / 刘美惠著 . -- 北京：北京时代华文书局 , 2015.6（2022.3 重印）
（中国人格读库 / 高占祥主编）
ISBN 978-7-5699-0263-1

Ⅰ . ①闻… Ⅱ . ①刘… Ⅲ . ①闻一多（1899～1946）一传记 Ⅳ . ① K825.6

中国版本图书馆 CIP 数据核字 (2015) 第 136999 号

闻 一 多 传
Wen Yiduo Zhuan

主 编 | 高占祥
著 者 | 刘美惠

出 版 人 | 陈 涛
责任编辑 | 邢 楠
装帧设计 | 程 慧 段文辉
责任印制 | 訾 敬

出版发行 | 北京时代华文书局 http://www.bjsdsj.com.cn
北京市东城区安定门外大街 138 号皇城国际大厦 A 座 8 楼
邮编：100011 电话：010 - 64267955 64267677
印 刷 | 三河市嵩川印刷有限公司 0316 - 3650395
（如发现印装质量问题，请与印刷厂联系调换）
开 本 | 787mm×1092mm 1/16 印 张 | 14.75 字 数 | 140 千字
版 次 | 2016 年 1 月第 1 版 印 次 | 2022 年 3 月第 3 次印刷
书 号 | ISBN 978-7-5699-0263-1
定 价 | 42.00 元

社会主义核心价值观与中国人格

周殿富

社会主义制度在中国已经建立了六十余年，而我们党则在本世纪初叶提出了培育弘扬社会主义核心价值观的重大课题，显然是其来有自。

社会主义的道德风尚在新中国蔚然兴起，曾经那样地风靡于二十世纪中叶。邓小平同志曾经在改革开放中讲过，当年"这种风气不仅是中国历史上从来没有过的，而且受到了世界人民的赞誉"。然而可惜的是，这个在社会主义制度建立与实践中，同步兴起的社会主义道德风尚的成长道路，却是一波四折。半个多世纪以来，它先是与共和国一道遭受了十年"文革"的浩劫；接着便是全党工作重心转移到改革开放进程中，欧风美雨"里出外进"的浸洗濡染；再接着是西方"和平演变"在东欧得手的强烈震荡与冲击；最后又是市场经济中那两只"看不见的手"在搅动着、嬗变着人们的价值取向。至少在国民中出现了价值观上的多层次化，传统美德的弱化，社会道德文明水准的退化，光荣革命传统的淡化，这也许正是中央在本世纪初提出社会主义核心价值观的原因吧。

不管怎么"变"，怎么"化"，当我们回首来时路，却不能不说，中华民族真的很强大，很值得骄傲。人类经历了几千年的文明进程，堪称世界文化之源的"五大文明古国"，其他四大古国文明都已被历史淘汰灭亡，只有中国成了唯一的延续存在。近现代即使那般的积贫积弱，被西方列强豆剖瓜分、弱肉强食，想亡我中华都不可能，就连最强大的美帝国主义，最凶残的日本军国主义都成为我们的手下败将，而且打出了一个新中国，且跨过整整一个历史阶段，直接进入了社会主义。西方敌对势力几十年不遗余力地对新中国百般围剿，"冷战""热战""和平演变"手段用尽，连如此强大的前苏联乃至整个苏东阵营都被瓦解了，而社会主义的旗帜仍旧在960万平方公里的土地上高高飘扬，而且昂首挺胸地屹立在世界的东方，中国真的是太强大了。几十年来的瞩目成就，竟然令西方发出了"中国威胁论"。你管他别有用心也好，言过其实也好，总比让别人说我们是"瓷器"，是"东亚病夫"好吧？1840~1949年的一百零九年间，中国尽受别人的欺负、"威胁"了，我们也能让那些昔日列强有点"威胁感"，又有什么不好？更何况这是他们自己说的啊！我们并没吹嘘，也没有去做。几千年来我们侵略过谁呢？"反战""非攻""兼相爱，交相利"，中国古有墨子，近有周恩来、邓小平同志。这也是中华民族固有传统美德的延续吧！

生于忧患，死于安乐，这也当是中华民族的一个传统美德吧？几十年来尽管中国如此繁荣兴旺，但从邓小平生前一直到党的"十八大"以来，无论哪一届中央领导集体，从来都没有忘记过国之忧患。忧在何处，患在何处呢？

二十世纪八十年代末，邓小平同志曾经在半年的时间内四次提到：中国改革开放十年最大的失误在教育，在"对青年的政治思想教育抓得不够""对人民的教育不够"，足见他的痛心疾首。他晚年时又提到了"国格"与"人格"的问题，讲道："谈到人格，但不要忘记还有一个国格。特别是像我们这样第三世界的发展中国家，没有民族自尊心，不珍惜自己民族的独立，国家是立不起来的。"

（精装版《邓小平文选》第3卷331页。）

人们很少注意到邓小平的这一段话，但邓小平恰恰是在这里把"国格""人格"提升到了事关"立国"的高度。

那么，什么是我们社会主义的"国格"呢？邓小平讲得很明白："民族自尊心""民族的独立"。

新中国一路走来，我们最大的尊严便是完全靠"自力"，靠"艰苦奋斗"，而达"更生"之境。对西方敌对势力的"冷战""热战""和平演变"，我们何曾有过屈服？也正是在这一前提下，我们才有真正的"民族独立"。这就是我们的国格。那么什么是我们中国人的人格呢？邓小平同志在这里没有讲，但他在1978年4月22日召开的全国教育工作会议上的讲话中，在讲到我们的教育培养目标时，至少提到与社会主义人格相关的各个方面：革命的理想，共产主义的品德，勤奋学习，严守纪律，艰苦奋斗，努力上进，爱祖国，爱人民，爱劳动，爱科学，爱护公共财产，助人为乐，英勇对敌，集体主义精神，专心致志地为人民工作，等等。这里的哪一条不属于社会主义人格的范畴呢？

2006年党的十六届三中全会，第一次提出了"建设社会主义核心价值体系"的历史性命题和战略任务。2007

年，胡锦涛同志在"6·25"讲话中又具体提出这个"体系"包括四个方面的内容：①马克思主义的指导思想；②中国特色社会主义共同理想；③以爱国主义为核心的民族精神和以改革创新为核心的时代精神；④社会主义荣辱观。这四个方面，一是信仰，二是理想，三是精神，四是道德文明，哪一个不在社会主义人格的范畴之内呢？党的十七届六中全会又提到了社会主义核心价值体系是"兴国之魂"。

2012年11月，在党的"十八大"上又用"三个倡导"把社会主义核心价值观概括为十二项：①倡导富强、民主、文明、和谐；②倡导自由、平等、公正、法制；③倡导爱国、敬业、诚信、友善。而且中办文件又把这"三个倡导"分为三个层面：第一个"倡导"的四项，是国家层面的价值目标；第二个"倡导"的四项，是社会层面的价值取向；第三个"倡导"的四项，是公民个人层面的价值准则。实际上前两个"倡导"的八项都是属于"国格"范畴，而第三个"倡导"是属于"人格"范畴。

那么，我们怎样才能在前面讲到的那些历史嬗变中培育建构起这个"核心价值观"呢？中共中央政治局的第十三次集体学习，似乎很明确地回答了这个问题。

新华社北京2014年2月25日电讯称：中央政治局在2月24日，以弘扬社会主义核心价值观，弘扬中华传统美德为内容，进行了集体学习，习近平总书记在主持学习时强调：

培育和弘扬社会主义核心价值观必须立足中华优秀传统文化。牢固的核心价值观，都有其固有的根本。抛弃传统、丢掉根本，就等于割断了自己的精神命脉。博大精深的中国优秀传统文化是我们在世界文化激荡中落稳脚跟的根基。中华文化源远流长，积淀着中华民族最深层的精神追求，代表着中华民族独特的精神标识，为中华民族生生不息、发展壮大提供了丰厚滋养。中华传统美德是中华文化精髓，蕴含着丰富的思想道德资源。不忘本来才能开辟未来，善于继承才能更好创新。对历史文化特别是先人传承下来的价值理念和道德规范，要坚持古为今用、推陈出新，有鉴别地加以对待，有扬弃地予以继承，努力用中华民族创造的一切精神财富来以文化人，以文育人。

习近平总书记的这段论述相当精辟，对于如何培育建构社会主义核心价值观问题从四个方面剀切明白。

第一，他明确指出要在中华优秀传统文化的基础上，来构造我们的社会主义核心价值观，而不能割断历史。这一条十分重要，否则我们便会失去我们的本来面目，便会成为无源之水，也就无法走向未来。

第二，指出了中华传统美德是中华文化精髓，蕴含着丰富的思想道德资源。这就为我们揭示了社会主义核心价值观，要以弘扬优秀的中华传统美德为基础。

第三，他指出，对传统文化在扬弃中继承，在继承中创新。这就是说，社会主义核心价值观的内涵，既要有优良传统的文化精神，也要有时代精神，是二者的有机结合。

第四，他指出要用中华民族创造的一切精神财富，来化人育人。这就是说，弘扬中华民族文化，并不只是传承儒学那些道统，而是要弘扬全民族共创的优秀传统文化。同时也就是说，培育、弘扬社会主义核心价值观的根本目的是化民、育人。

尤其值得瞩目的是，习近平总书记在这次讲话中提到了一个"中华民族独特的精神标识"问题，而在同年的全国组织部长会议上又提出我们再也不能以GDP论英雄的思想。让人欣慰的是，思想道德文化建设终于被提升到一个民族的标识地位，这至少表明中国人的思想观念，并不落伍于世界潮流。

并不受人欢迎的亨廷顿生前给他的祖国提出的警示忠告，竟是如何弘扬他们没有多少历史和文化的"传统文化"："盎格鲁新教精神——美国梦"，以此为国家的"文化核心"问题。他讲道："在一个世界各国人民都以文化来界定自己的时代，一个没有文化核心而仅仅以政治信条来界定自己的社会，哪有立足之地？"所以，他提醒他无限忠于的祖国，一定要巩固发扬他们自入居北美以来，在新教精神基础上形成的"美国梦"理念的"文化核心"地位，这样才能消解这个国家的民族与文化双重多元化的危机。为此，他甚至预言美国弄不好会在本世纪中叶发生分裂。而且他公开预言不列颠大英帝国也会因民族与文化多元化的问题，导致在本世纪上半期发生分裂。

西方的一些专家学者们也十分强调国家民族文化的地位问题，柏克说："全世界的人根据文化上的界限来区分自己。"丹尼尔同样说："保守地说，真理的中心在于，对一个社会的成功起决定作用的是文化，而不是政治。开明地说，真理的中心在于，政治可以改变文化，使文化免于沉沦。"这些语言也可能有它们的局限性与某种非唯物性，但至少可以让我们看到那些发达的资本主义国家在想什么，至少与马克思主义经典作家们，关于意识形态并不总是消极被动地接受它的经济基础的论断并不相悖。

中国显然具有世界上最悠久的民族文化，同时显然也拥有世界上最强大的政治优势。新中国包括它直接进入社会主义的经济形态，以及其后的一次次经济变革，哪一次不是靠政治力量在强力推动呢？它当然同样拥有让我们几千年的民族文化"免于沉沦"的能力。有学人认为我们的民族文化早就被以往一次次的历史性灾难割裂了，这个看法显然都是毫无道理的。但我们当下却确实面临着"两个传统"失传失统的危险。中国的传统文化与优秀的民族美德，在当代国民中还有多少传承？老一代中国共产党人用生命与鲜血铸就的光荣革命传统，在党内还有多少"光大"？我们现在全民族的"核心文化"到底在何处？"社会主义核心价值观"的提出不仅符合世界潮流，也是使我们优秀的民族文化得以传承而不发生历史断裂的根本保证。富和强永远都不是一个民族的标志，哪个国家不可以富，不可以强？但能代表中国"这一个"本来面目，具有自己民族特色的，唯有中华民族的文化，能代表中国人形象的只有中国独具的道德人格。什么是人格？人格就是原始戏剧中不同角色的本来面目。

综上所述，我们是不是可以这样认为，社会主义核心价值观应内含如下的成分：中华民族传统文化中的优秀传统美德；中国人民近现代反帝反侵略反封建的爱国主义、斗争精神与中国共产党领导下形成的几十年光荣革命传统；中国化了的马克思主义有中国特色社会主义的共同理想；与"中国梦"远大目标相适应的时代精神。由这些内涵构成的社会主义核心价值观，用它来干什么呢？用习近平总书记的话来说就是"化人""育人"，把它再具体化一下，无非是打造能体现中华民族特色，代表中国形象的国格、人格。在思想道德层面上，一个国家的民族精神也只有在人的身上才能体现，所以我们依据社会主义核心价值观的基本要求，针对当代青少年的实际情况，策划了《中国人格读库》这样一套大型系列选题。

本套书承蒙全国少工委、中华文化促进会、团中央中国青年网三家共同主办推广，并积极提供书稿。难得高占祥老前辈热情出任该套书的编委主任，且高占祥同志不辞屈就加盟主创作者队伍。一些大学、中学教师与青年作者也积极加盟此套书的编写。该选题被国家新闻广电出版总局列为2014年全国社会主义核心价值观重点选题，在此一并鸣谢。

希望本套书的出版能为社会主义核心价值观的培育与弘扬，为促进青少年的道德人格养成起到积极的作用。欢迎广大读者与作家对不足之处批评教正，多提宝贵建议与指导意见。

谨以此代出版前言并序。

二○一四年十月
于北京时代华文书局

引言

你是一团火，照彻了深渊；指示着青年，失望中抓住自我。你是一团火，照明了古代；歌舞和竞赛，有力如猛虎。你是一团火，照见了魔鬼；烧毁了自己，遗烬里爆出个新中国！

——《挽一多先生》朱自清

闻一多先生是中国近现代杰出的爱国主义者、诗人、学者与民主战士。作为才华横溢的诗人，他的《红烛》《死水》两集堪称新诗典范，在思想主题与诗艺形式两方面均达到了较高水准。作为苦研专精的学者，他在中国古典文学领域做出了杰出的贡献，上迄风雅下至唐诗，无不有开拓性的创见，被誉为"不仅前无古人，恐怕还要后无来者"。而作为为民众呐喊的民主战士，他更是如流星般绽放出异常的光彩。尽管他经历了相当漫长的彷徨、徘徊与犹豫，但他最终还是找到了真理的方向。他认识到了人民群众的伟大力量，把自己的命运同人民联系到一起，从而汲取了大无畏的精神力量。面对倒行逆施、专制独裁的国民党政权，他不惧威胁恐吓、流血牺牲，将自己的生命奉献给中华民族的解放事业，成为点亮黎明前最浓重黑暗的摇曳烛光，为尚处于迷茫困顿中的人们指明了是非对错，辨清了正义与邪恶。后继的人们踏着他鲜血染过的泥土，一步步抗争出新中国的美好明天。

闻一多并非仅仅是一个枯坐书斋不问世事的纯粹学者，而是愿意用所学来求得可用于现实的真理的知行合一之人。他性格耿直，为人坦率，遇不平则鸣、则怒发冲冠、则为之挺身而出。他坚信并用自己的一切捍卫着"自由""民主""和平"等最基本的公民权利，即使千万人畏葸不前，他仍慷慨独往。在那样一个黄钟毁弃瓦釜雷鸣的时代，真理被践踏、人权被蔑视、国家被凌辱、文化被歪曲，他举目四望而不见来者，遗世独立的高标自举注定将他推向"木秀于林风必摧之"的险恶境地。他对祖国怀有一腔赤子热血，希望为国家的文化艺术事业尽一份力量，但时局与形势使他勇敢地走上了争取人民权利的战场，并最终走向了悲哀而又壮丽的牺牲。他的离世是个人的挽歌，是学界的损失，是社会的悲剧，更是民族永不可磨灭的伤痕与痛苦。但同时，他的牺牲不是没有价值的，他的牺牲唤醒了民众，在其中闪烁着伟大的人格精神，既有对国家和民族最炽热的爱，又有对专制独裁最坚决的抗争。这种精神应当是今天的人好好珍惜和继承的。

目录

闻一多

一、少年立志，清华试啼

　　光绪二十五年（1899年）的冬天（11月24日），闻一多诞生在湖北省浠水县巴河镇望天湖畔的瓦屋内。巴河从这里汇入长江，巴河镇是湖北省重要的水陆交通枢纽之一，明代曾作为盐米集散地而盛极一时。浠水两岸的景色秀美动人，自古多有文人墨客留下赞咏的诗句。这里气候温暖宜人、民风淳朴、物产丰富，尤以出产优质稻米闻名，可谓鱼米之乡。

　　浠水闻氏是当地望族，传说南宋抗元英雄文天祥兵败，被俘虏后壮烈就义，一些家属有幸逃出，便改"文"姓为"闻"姓，以此避祸并掩人耳目，从此在浠水定居，绵延后嗣。不管真假，文天祥的爱国精神与民族气节都深深烙印在了这个家族的精神血脉中。闻家世代耕读，出过不少秀才、举人，堪称书香门第，而闻一多出生的时候，正是这个大家族四世同堂、兴旺发达的时期，他的祖父闻子淦尽管科举不顺，但一直好读书、嗜词章，广泛搜集经史子集近三万卷，另外还喜欢收藏字画拓片等，为下一辈的教育营造了良好的环境。闻子淦在离原有旧宅一里多地的地方新建起一幢三进三出的大院落，大门上匾额题字"春生梅阁"，两旁对联上书"七十从心所欲，百年之计树人"，院内书房名"绵葛轩"，取义《诗经》，寄托了他对子孙的浓浓亲情与殷殷期望。

闻子淦育有四子三女，次子即闻一多的父亲闻廷政。闻廷政是清末的秀才，受的本是传统儒家教育，但闻一多诞生之时，中华民族正逐步陷入深重灾难，各种新思潮也开始流行。闻一多的父亲思想开明，常与兄弟在一起议论时局形势，也接受了康有为、梁启超等人的资产阶级改良主义，赞同维新变法，《时务报》等新报刊也得以传入闻家，为这个古老的家族注入了新的气息。这些自然都会影响到年幼闻一多的思想形成。

闻一多是闻廷政的第四个儿子，除三位兄长外还有一个弟弟家驷，在他这辈的嫡堂兄弟中排行第十一，为了称呼方便，他的弟弟妹妹叫他"一哥"，小一辈的子侄则称他"一伯""一叔"。他初名"亦多"，族名家骅，字益善，号友山、友三。他的名与字号均出自《论语》。《季氏篇》有云："益者三友"，"友直、友谅、友多闻"。他考入清华后改名为"多"，五四运动后又改为"一多"。

闻一多幼时体弱，一岁多时生了一场大病，叫做"热症"，险些夭折，他的祖母甚至都准备了装殓用的衣服鞋子，幸而他不久后恢复健康，身体渐渐变得越来越好。闻家极为重视子弟的教育，闻一多五岁就被送入私塾，在先生的教导下读旧式的启蒙课本如《三字经》《幼学琼林》《尔雅》，后来又读四书等经典。一年后，弟弟家骊出生，他们的祖父在新屋"春生梅阁"里办起自家的改良家塾，借书房之名称作"绵葛轩小学"，闻家子弟便在此接受最初的教育。在家塾教书的先生名叫王梅甫，四十岁左右，毕业于师范学堂，思想开明，为人和善，除了诗云子曰这样的传统课程外，还采用当时的新编教材教他们博物、算学和美术，并选取梁启超的文章让学生诵读，这些文章浅近平易而又富有时代气息，博得了学生的喜爱，激发了他们浓厚的读书兴趣，闻一多接触新思潮的开端正在此处。

闻一多小时候就喜欢与兄长们比赛诵读经典，尽管常常因年龄小而不占上风，但他因此暗下决心，一定要赶上兄长。他除了白天在家塾念书，晚上回去后还跟着父亲读《汉书》，闻廷政考取生员的考试中作的就是史论。沉沉夜晚，一灯如豆，父子二人相对而坐，时而吟诵，时而讲解，闻一多稚嫩的读书声萦绕在房间里。他并非一味苦读而不假思索，而是能以所学相印证，举一反三，常常以学到的古人事迹与《汉书》中类似的部分相比较。父亲对他的敏求慎思深感欣慰，从此每天晚上都要以书中的名人言行来告诫激励他。在学问见识增长的同时，古人爱国爱民的精神也在他心中扎下了根。

因为好学习爱看书，闻一多并不像其他孩子那样多动爱闹，而是少年老成，发奋用功读书。新年时街上的人们吵吵闹闹地玩着龙灯，平时嫁娶的花轿吹吹打打地经过，别的孩子都跑出去看热闹，但他向来只一个人坐在屋里安心读书或画画，不为外物所扰，祖父和家里人对此很高兴，常常夸奖他。

闻一多对美术和戏剧的兴趣与天赋也早早显露出来。他总是缠着大姑母，央求她剪纸花样给他玩，见到什么都想照着样子剪下来。闻一多还喜欢跟着老家人韦奇去巴河镇看戏，回来以后就照着戏里面的各式人物画像。韦奇看到绣像小说里的人物像，也叫他去看，他便用纸细细描摹，十分开心。韦奇还会装订书籍，这让充满求知欲的闻一多对他更有好感。时间久了，闻一多与韦奇的感情愈加深厚，也越来越同情这个据说参加过太平天国起义，而今却步履蹒跚的老人，总是护着他不受人欺侮。

1910年，闻一多十一岁时，与几个嫡堂兄弟一起去武昌的两湖师范附属高等小学校上学，叔父闻廷治负责照料他们的饮食起居。师范附小是相当优秀的新式学堂，曾受到张之洞等大员的关照，发展蒸蒸日上。课余时，他也在叔父主持的私塾里补习中、英文与算学。武昌比家乡繁华得多，诱惑也多了不少，但闻一多仍旧按照自己的计划踏实读书，不虚度光阴，牢牢把握每一次学习的机会，为将来的厚积薄发打下了坚实的基础。

或许是奇妙的巧合，闻一多在武昌读书刚刚满一年，辛亥武昌起义便爆发了。这场对中国近代历史具有划时代意义的革命在闻一多的少年记忆中留下了不可磨灭的印迹。在革命军与清廷胜负局势尚不明朗的情况下，他为革命的气氛所感染，坚决与清朝的封建统治决裂转而拥护共和，学着街上革命党人的样子也剪去了脑后象征奴役与耻辱的辫子。这一引风气之先的举动在当时无疑是需要极大的勇气与果决的。不久，武汉三镇被清廷军队反扑围攻，学校纷纷关闭，闻一多便随兄弟返回浠水家乡继续读书。他的剪辫在当地引起了不小的轰动，总有人前来打听武昌的事情，这让闻一多幼小的心中不禁生出几分自豪感。之后，他还把在起义中的见闻画成成套的故事，贴了满满一墙。其中，就画有一个小人手执小旗、振臂高呼，那正是他自己的写照。闻一多年纪虽小，已经能辨清是非，坚定地表示拥护共和而反对封建专制，这样的觉悟是很难得的。

1912年的春天，武昌局势逐渐平静，闻一多便又回到那里上学。入夏后，北京清华学校来湖北省招生，条件优渥，不仅饮食费与学费全免，八年后毕业时还可公费赴美留学，不过在湖北省只录取四名学生。不像当时尚对出洋心存疑惧的多数家长，闻廷政看到启事颇为动心，便让闻一多投考。初试就在武昌举行，闻一多其他科目成绩平平，但也许是上天眷顾，考试的作文题是《多闻阙疑》，恰恰与他的名字相合。因为自幼喜读梁启超文章，年仅十三岁的闻一多模仿时下流行的梁氏风格做出了流畅而又富有思想的文章，因而让考官大为惊异赞赏，他也被定为备取第一名，有了参加复试的资格。

这年冬天，闻一多在哥哥的伴送下赴京参试。他本没学过英语，只在途中加紧背了一些应用的英文成语，不过仍然取得了鄂籍第二名的好名次，得以被正式录取。在新生分级考试中，他的中文成绩独占鳌头，中文课程被编入最高的五年级，成为同年入学学生中唯一一人。投考清华时，他改名为"多"，入校后又竭力拥护废除别名与字号的倡议，一人只用一名，取其简便。在他的带头下，很多同学也纷纷取消了别名。他甚至还想取消姓氏，直接用名相称，同学吴泽霖便为他添了最简单的"一"字，称他为"一多"，这个名字流传开来，由于中国的习惯，没有废除姓氏，因此"闻一多"就成了他之后的常用名。

清华学校正式创办于1911年，以美国退还中国的部分庚子赔款作为经费基础，是一所留美预备学校，分为中等与高等两科，中等科五年，高等科三年（后改为各四年），高等科最后一年时相当于大学一年级水平，也称"大一"。为了学生将来出国后迅速适应，清华的课程设置与管理制度都贴近美国学校，还聘请了一些外国教师，突出西方的教学方法。在这里英语是一门主课，还安排在上午讲授，高年级的很多课程都是英文授课，英语能力就成了非常重要的一条考核标准。闻一多英文底子薄弱，入校后距离大考只有一月，想补习也没有足够的时间，因此他不得不留级一年。与他同级的庚申级留级或离校的同学有十人，将近全年级人数的四分之一，足见清华考试之严格、制度之苛刻。而闻一多次年9月重新读中等科一年级的辛酉级，入学时有七十三人，高等科毕业时仅剩三十多人，选拔人才可谓大浪淘沙，十分审慎。

在这样竞争激烈的环境里，闻一多可以骄傲地说："我自信颇能好学。"的确如此，清华本就管理严格，他又能严于自律，以岁月易逝自勉，遨游于知识的海洋里孜孜求索。他为自己制订了庞大而有条理的读书计划，从明清诗一直上溯到先秦诗歌，预计两年内读完。他的阅读面很广，爱看进步书籍与《新青年》之类的报刊，受严复、梁启超影响很深，此外还读了很多外国的诗论与美学著作，认同蔡元培等人的美学思想。在不懈努力下，他的国文、美术与历史科目都是超等，英语水平也飞速提升，很快能阅读莎士比亚与狄更斯的原著，同学们有疑惑都纷纷向他请教。数理等自然科学课程虽然不能引起他的喜爱，但也能及格。刚刚开学不到三个月，他就与同是上年留级的何钧一起发起"课余补习会"，在辛酉级全级大会上多数赞成通过，并在一周后举办了隆重的成立大会。闻一多被推举为副会长，此外，他还担任了班级与年级的一些职务，深得同学的信赖与赞扬，大家都认为他是个自律成熟又乐于助人的好伙伴。

课余补习会成立后近一个月后，闻一多被推举编辑《课余一览》，这本杂志是用来总结同学们入学半年以来的成果的，在次年一月寒假中编成了第一期，分为言论、科学、文艺、小说、杂俎、纪事六类，这是闻一多第一次接触编辑事务，此时才刚满15岁。第二期则于次年6月油印发行，上面刊登有闻一多的4篇习作，其中《名誉谈》一篇最能体现其志向。在这篇论说文中，他反对独善其身的说法，认为"皆斯世之蟊贼也"，主张学者应力求进取，为国家开拓出一片新境地。他所推崇的"名"并非世人所谓的功名利禄之名，而是在生命消失后仍能够流传千古而永存的一种精神。在"名"的激励下，豪杰英雄才能立下丰功伟绩，"牺牲其身及现存之幸福，数濒于危而不悔。"这可以说是中华民族理想追求的一种象征。闻一多少年时这种意气风发的态度与充满家国责任感的认识，深深影响了他之后的发展方向。

差不多同时，闻一多接触到了人生中的第一次现代戏剧活动，从此对其产生了浓厚的兴趣。1913年底，他参与编写了描写武昌起义的《革命军》一剧，还在剧中扮演一名革命党人。这出戏主要内容是一位革命者被清朝官吏逮捕，却宁死不屈，就在旧官僚和他的爪牙耀武扬威之时，革命的炮火声传来，那个官僚正被吓得躲入轿子准备逃跑时，被革命军一举抓获，革命最终取得了胜利。这场话剧的主题就是拥护辛亥革命、反对清王朝的封建专制，相当贴近他的个人经历，因此无论是做编剧还是演员，闻一多都能生动地展现出革命真实的风貌。该剧获得全校第二名的好成绩，受此鼓舞，闻一多此后高产而优质地编写出许多短幕剧本。凡是他创作的剧本，演出后总能名列前茅。寒假里他的班级还进城在第一舞台公演，票被一抢而空。据同学反映，他虽是少年，在剧中扮中年人、老年人却各有风采，很受观众欢迎。闻一多从来做事专心致志，不达到既定的目标绝不松懈，为了戏剧演出他"昼夜不分，餐寝无暇"，非常辛苦，同学们称赞他"精神上的忍耐与躯体之忍耐俱全"。

当时，由于国家仍处于动荡和满目疮痍的局面，人们对国家民族命运、前途的讨论随处可见，清华也笼罩在这样的气氛中。学校多次举办辩论会，密切结合当时的政局与态势设立辩题，仅闻一多参加过的就有"今日中国小学校能否有读经""国家富强在政欤抑在人欤""今日中国修练甲兵较普及教育为尤要"等等，范围广泛、题目尖锐，十分考验辩者的功力与水准，闻一多多次在辩论中代表年级获胜，还曾代表学校与外校同学比赛，也屡屡得奖。这与他的演讲口才是密不可分的。清华演讲的风气颇盛，常有中英文的演讲比赛，闻一多为了练习演讲，在冬日的深夜里，在离宿舍区一里多地的土山凉亭、钟台上苦练，在滴水成冰的寒夜中练习八遍乃至十二遍，直到冷得不能忍受才回到宿舍。天道酬勤，他的努力得到了丰厚的回报，升入高等科一年级后，他被选为全校性国语演讲辩论会的成员，辛酉级总共只有七人入选。这个社团活动频繁，闻一多在昆明时期对民众的演讲，以及生前那最后一次感人至深慷慨激昂的演讲，其发端于此可见。袁世凯逆历史潮流而动称帝后，日本趁机提出"二十一条"，引起仁人志士的愤慨。1915年底时，中等科三年级举行了一次"演装国会"，模仿议会进行辩论，会上的两派一主战一主和，焦点正是二十一条中的核心问题，即"日本下哀的美敦书（最后通牒）要求中国将南满归并日本，中国宜如何行动"。闻一多担任国会主席，主持辩论。此时的辩论已经不仅仅局限在锻炼口才与模仿的层面上，而是体现了青年学生对国家大事深沉的忧患感与责任感。

敏于言而不讷于行，闻一多的救国理想绝不仅停留在口头上，而是切实地落在行动中。当时教育救国的思潮十分流行，蔡元培与黄炎培等人提倡的专门教育、职业教育对学生影响很大，包括闻一多在内的清华学子在普及教育方面做出自己的努力。1915年底，闻一多作为中等科三年级会会长出席了讨论如何筹款建立贫民小学的会议，最终决定在校内以直接募捐为主，校外则以音乐、体操、美术、戏剧等活动开展募捐。很快，他们就排演了洪深的《贫民惨剧》，在社会公演，演出效果极佳，各界人士观看了演出并积极捐资。清华学子就用这次演出募集的钱办起"成府小学"，闻一多后来任教清华时每年还继续为其捐款。此外，他还曾与同学在校门外办过一所儿童露天学校，校内则办过校工夜校，为全校工友普及知识。这些努力尽管对于全中国的教育事业来说只是杯水车薪，但他内心对人民诚挚的感情与炽烈燃烧的舍己为人精神于此可见一斑。

清华学校的暑假为两个月，每到此时，闻一多终于能从繁重的课业与众多的社会活动中抽身，暂得一些完全属于自己的时间。他没有像一些留校的同学一样去西山避暑，而是回到家乡，苦读两个月书。众所周知，夏天的武汉素有"火炉"之称，他的家乡浠水也同样闷热。好在老宅中有一间房子玻璃窗大、通风好，相对凉爽一些，而且安静又采光好，十分适合读书，这就是他每年度过两个月读书时光的书房"二月庐"。闻一多一回家，就来到书房，把家中缝衣服的大木板架起来充当书桌，之后再把要读的书统统堆在上面，方便随时查找。有时这个大"书桌"仍然放不下，就堆在房间的各个角落里。虽然看起来杂乱些，二月庐对闻一多来说可是难得的可以自由徜徉的图书殿堂，如鱼得水，十分惬意。他一边读书，一边思考，还随时记下自己的感想，用浅近的文言文写成读书笔记，这些就是后来发表在《清华周刊》上的文章，称作《二月庐漫记》，也是他最早正式发表的作品。

闻一多读书中外并重，清华重英文轻中文，中文课上的秩序也不是很好，老师得不到应有的尊重，学生也懒懒散散不成样子。闻一多非常反感这种现象，还专门写过《中文课堂底秩序一斑》加以批评，他喜爱中国传统文化，主张人们应研究好自己国家的历史与文化，打好根基，这样才能改变国家落后挨打的局面。当然，他也不赞同旧式书生那种迂腐陈旧的读经方式，而是希望学习新学与西方文化的人同时应多了解本国本民族的文化精华，这样才能有的放矢。《二月庐漫记》正是他钻研传统文化的成果。本来，闻一多的父亲主张读经，毕竟经书是传统读书人安身立命的根本，但闻一多有不同的见解，他爱读子部、集部与史部的书籍，认为这些书里面才有既有趣又有用的知识。他的弟弟妹妹与子侄一辈都非常喜欢他回家，因为这时他们就能念诗、作画、学算术，不必被经书所束缚。闻一多也非常关心晚辈的学习，常常出题目教他们写诗做文章。文章做得好，他便把自己的梳子、镜子等日常用品奖给他们，以至于自己常常没有东西可用；做得不好，他亲自给他们修改，直到满意为止。而且闻一多善于寓教于乐，不时带着他们去钓鱼、摘菱角，等孩子们玩够了再教他们知识。孩子们中与他关系最好的就是胞弟家驷，在哥哥的影响下，他也开始看《史记》《汉书》和《古文辞类纂》一类的书了。

闻一多看起自己喜欢的书来，可谓忘寝废食，是不欢迎人们打扰的。盛夏酷暑的正午，他在二月庐里汗如雨注，手不释卷。等到了傍晚时分，蚊虫嗡嗡作响，吵得人不得安宁，他还是一手摇扇，一手捧书，在油灯昏黄的灯光下读着。母亲看他这样辛苦，担心他太过劳累，就让他休息，但他却不答应。有一天晚上，他正站在露井里，边纳凉边看书，不觉一只大蜈蚣顺着他的脚爬了上去，家人看到以后吓得大叫闻一多的名字，他却像没听见一样，有人帮他赶走了那只蜈蚣，他反倒惊讶别人为什么要打扰自己。一些亲戚听说他从北京回来，专门前来看望，他竟踌躇徘徊在房间角落里不愿出去，顿足叹道："为什么又来打扰我！"这些行为在有些人看来不免缺少人情味，还有人叫他书呆子，责怪他不懂处理俗务，而他从不把这些放在心上，只是淡淡地以"吕端大事不糊涂"为自己辩护。诚然，闻一多的志向正如展翅大鹏，不是平凡的燕雀所能想象的。

在这样艰苦却自得其乐的环境里完成的《二月庐漫记》，以史论与诗评为主，涉及面十分广博。"善敷陈奇义，不屑屑于浅显"，尽管有些地方不脱稚气，但其思想之深沉很难令人相信这是出自一个十六岁少年的手笔。闻一多坚持"尽信书不如无书"，善于独立思考，不盲从史书上已经定论的正统观点。而他品评古诗，则特别重视诗人的独创性。为了了解诗中用事用典的意义，每每细加推敲，深入考察，又注重"知人论世"，从诗人的角度推测文意，因为他自己本身也作得一手好诗，因而总能有独到的见解。他对于朱熹、王安石等人的诗论，敢于提出批评并坚持自己的意见，其气势与卓见可见一斑。他后来的唐诗与诗经研究都肇始于这些对诗歌的最初品评。《二月庐漫记》中对历史上少年早慧的例子也记述颇多，应该是有自我勉励的含义在内，闻一多从不认为自己是神童或天才，但他的少年壮志却足可令人敬佩。

此时，闻一多的兴趣还主要在文艺方面上，尤其对美术有着独特的领悟力与创造力。他的书法与篆刻都在校内知名，不过最负盛名的还是他的画作。在1914年的夏天，他就加入了由图画教员司达尔女士组织的校外写生团，后来练习水彩画，特别受人称赞，被誉为"善露阳光，有灿烂晴日之景象"。级会的布告栏里，常常有花鸟画作，大多出自他的手笔。他自称"习书画，不拘拘于陈法，意之所至，笔辄随之不稍停"。他博采中西绘画之长处，善用各种方法表现风景的生动之处。1915年，他的画作被评为全级第一，奖励风景画一幅，与本级的其他优秀画作一起被选送巴拿马博览会参展。之后还接任了《清华年报》的图画副编辑，开始了忙碌的编辑活动，他自己也时有佳作刊登在年报上。

升入中等科四年级后，课程设置中没有图画课了，老师和闻一多等几位同学便组成美术社，继续绘画实践与研究。实践方面他自然有不少成果，同时他也是注重理论研究的，写过不少文章阐发其"美术救国"的思想。他的"美术"不是狭隘的绘画，而是广义的"美的艺术"，闻一多认为世界上一切人类创造物都是美的结晶，"世界文明的进步同美术的进步，成一个正比例"。具体的美术影响物质文明，而抽象的美术则影响精神文明。他继承了蔡元培的"以美育代宗教"之说，启发人们摆脱之前的思想控制，大胆自由地追求"美"。再向上引申，在"艺术"这个更大的概念里，闻一多自认找到了改造社会的良方。他总结道："艺术就是改造社会的急务"。这样的观点有其不完善和幼稚的地方，尤其是未能认识到社会的真正力量在于人民群众，有流于空想之嫌。但他注重人类精神世界的建设与改造，在当时无疑是有着振聋发聩的积极意义的。

为了更好地研究"美"、追求艺术，他决定建起一个社团来召集同仁一起努力。很快，一个名为"美司斯"的社团成立了，其名音译自希腊神话中掌管文艺的女神之名。刊登在《清华周刊》上的《美司斯宣言》则是这一时期闻一多思想的重要展现。他认为艺术能促进人格的完善与道德修养的提升。这比之前的想法更上了一个台阶。在成立大会上，梁启超、陈师曾等名家受邀到场，各作演说，堪为一时之盛。成立后的第二天，他们就召开会议，决议将社团活动分为音乐、绘画、文学、美学四门，研究的中心则是"艺术及其与人生的关系"。虽然这个社团如昙花一现，但能做出这样的探索已不简单。闻一多对美术的兴趣一直未减，这也影响了他清华毕业后去芝加哥学习美术的选择。

1917年6月，总结辛酉级中等科四年学习生活的《辛酉镜》印行，闻一多为总编辑，并撰写发刊词。他的论文、书信、古诗与自传《闻多》等数篇著述被收入，可谓成果丰厚。这本书可以说是他清华就读四年后在文艺、学术、思想等方面的小结，文采斐然，颇有见地。

尽管闻一多此时快乐地沉浸在精神的天地中享受着心灵的愉悦，但外界的情形已经江河日下。亡国灭种的危机时时逼向半殖民地半封建的中国。在五四运动前夕，国内气氛十分压抑，内忧外患交相侵迫。第一次世界大战中，段祺瑞政府向同盟国宣战，英国招工局来华招考译员，一些清华学生以为雪耻报国的机会来了，就相约应征。但被学校得知后从港口强行带回，还要给予记大过的处分。闻一多得知后十分愤慨，坚称"爱国无罪"，反对学校的决定。同学们也纷纷赞同，这件事情很快流传开来，让人看到平时醉心艺术的闻一多的另一面。

1918年11月，同盟国战败，一战结束。消息传来，普天同庆，闻一多与清华师生一起去天安门参加一万五千人的集会庆祝协约国胜利。当时的人们都认为中国可以藉此摆脱屈辱身份，一跃成为可与欧美列强平起平坐的国家，但他回来后却陷入了沉思。北洋军阀政府以"战胜国"自诩，下令放假三天，并举行"提灯会"以志庆贺。闻一多并没有加入欢乐的人群，而是写下《提灯会》长诗，思索着国家的苦难。他意识到，在一片歌舞升平、火树银花中，暗藏着汹涌的逆流，即将吞噬茫然无知的人们。尽管中国在一战中耗费巨大的人力、物力协助协约国打败了德国，好像解决了大患，但新的帝国主义势力日本却乘虚而入，继承了德国在中国的特权。"豺貔本同类"，人们却只见其一不见其二，疏忽大意，这不能不使他充满了浓烈的忧患之情。大的灾难马上就要迫近，国内却还在粉饰太平，他看到田禾枯焦、农民仍处于深重的苦难中，为此"仰天泪淋漓"。最后，他热切地盼望提灯游行的人们能借助光亮看清严峻的现实，因而振臂高呼："何当效春雷，高鸣震聋痴！"

闻一多的远见卓识很快被日益恶化的局势所证实。1919年中国代表团参加巴黎和会，英美法三国未经中国同意就将德国原来在山东享有的各项特权转让给日本，这一令人震惊又悲愤的消息传回国内，青年学子热血沸腾，首先发难。5月3日，北京学生开会讨论争取山东主权的办法，决定于4日举行三千人游行示威，这就是闻名遐迩的中国近代史一大转折点，使中国迈入新民主主义革命阶段的五四运动。当天学生们难以遏制自己的爱国之情与熊熊怒火，最终火烧赵家楼、痛打章宗祥，大快人心。但北洋军警到场后出手镇压，逮捕了31名学生。

5月4日是星期日，清华学校当时远在城外，消息未通，因此没有大批学生参加游行。一位周末进城回家休息的同学目睹了活动的热烈场景，晚上回来后便兴致勃勃地告诉班上的同学城内的学子如何奋起抗争，这引起了闻一多的注意，他听后深受感动，决心也要尽自己的一份力。他连夜用大红纸抄录岳飞的《满江红》，用恢宏的词句抒发了立志收复河山的雄心壮志，以此表达对祖国深沉又浓厚的感情。当夜，他就把这阕词贴到了食堂门口的长栏中，鼓舞同学们一起加入到这场声势浩大的运动中。

第二天一大早，得知这一消息的清华也沸腾了，中、高两科科长与级长、班级与社团负责人等举行五十七人集会，决定"与北京学生取一致行动，坚持到底"，另外通电巴黎和会请求维持公道，通电巴黎专使请缓签字，要求国会弹劾章陆诸贼，要求总统采取坚决手段等。当晚全校同学大会，闻一多被选为清华学生代表团书记，担任文书工作，记录会议，主持宣传工作，非常忙碌辛苦。据梁实秋的回忆，他"埋头苦干，撰通电、写宣言、制标语"，是幕后功臣。6日，清华罢课；9日，同学齐聚体育馆，召开"国耻纪念会"，这一天正是袁世凯接受

"二十一条"的四周年纪念日。全体学生向国旗鞠躬并宣誓："从今以后，愿牺牲生命，保护中华民国人民土地主权。"他们是切实以自己的行动践行这句诺言的。

6月3日是一个重大的转折，北京学生不惧当局恐吓镇压，于当天恢复街头讲演，坚持宣传，被有"屠夫"之称的王怀庆所统率的军警逮捕近二百人之多，之后更有七百余人被拘捕，连临时监狱都容纳不下。然而，这些都没有吓倒闻一多，他明知山有虎偏向虎山行，第二天与清华160余名同学步行入城继续宣传，他们带好了水壶干粮与洗漱用具，显然是做好了被捕的准备。为了防止军警再次大批抓人，他们分成了小组前进。听到他们慷慨激昂演讲的市民们也深受感染，一起高呼口号。他在给父母的书信中写道："国家育养学生，岁靡巨万，一旦有事，学生尚不出力，更待谁人？"闻一多甘愿牺牲而倔强不屈的品格，已昭然可见。学生大规模被捕的消息传到上海，群情激愤，为了声援他们，部分工厂商店开始罢工罢市，五四运动的主体便转向工人阶级，当局的压力骤增。

后来，闻一多还曾做一幅钢笔画来纪念这次危险而光荣的行动，被印在辛酉级高等科的毕业册上。画中一位青年学子站在高处讲演，周围不少市民认真地听着，这应该是对闻一多亲身经历的如实描写。

6月8日，北洋政府被迫释放被捕学生，清华专门派出仪仗队迎接这些敢于抗争的英雄们，并举行盛大的联欢晚会以庆祝

闻一多

胜利。10日，北洋军阀政府同意了曹汝霖、章宗祥、陆宗舆三人的请辞，实际就是在全国高涨的抗争面前不得不做出让步。五四运动取得了初步成果，群众欢欣鼓舞。

这年夏天，闻一多破例没有回家过暑假探视父母，而是出于爱国热忱留在学校筹备编演新剧，领导暑期学生代表团继续爱国运动，过得辛劳而充实。在繁忙的社会活动间隙，他还抽空译出莫尔斯的《台湾一月记》，这篇文章记述了《马关条约》签订后台湾义军抗争的过程，借此表达出对日本侵占青岛的愤恨。

五四运动后期，运动重心转移至上海，6月16日，全国学生联合会在上海成立，这个组织旨在加强各校间联系，方便以后共同行动，其主力正是清华。清华学校先后派出5人南下参与学联各项事宜，闻一多就是在学联召开常务会议后作为代表来到上海的，在上海仍从事文字工作，编辑学联日刊。他当时患有严重的牙病，食不下咽，但一想到日报作为宣传武器的重要性，他拒绝了三哥一同回乡的邀请，坚持留下来完成工作，毫不懈怠。为了给学联找到一处可以长期使用的地址，他与同仁提出《统一建筑会所办法案》，并与清华诸生共同商议，"拟辍业一年"，专门在国内各地演讲劝说募捐。

学联闭幕式在8月5日举行，上海各界人士200余人到会，孙中山也莅会演讲，这是闻一多第一次也是唯一一次见到孙中山本人，印象极为深刻。他一直对愈挫愈勇、大公无私的伟大革命家孙中山怀有崇敬之情，一晤之下更增添了许多钦佩。孙中山的演讲内容为：现在中国最大的问题在于不能统一，希望学生能力图统一，以促进人民之间的团结。这次演讲对闻一多爱国观念的形成产生深远影响。学联闭幕后，闻一多与同学前往江苏等地募捐，风尘仆仆，舟车劳顿，他们却不以为苦，甘愿奉献。

闻一多在五四运动的历练中迅速成熟，眼界更加开阔，认识更加深刻。他决心从身边的事情做起，一步步找到改造落后中国的方法。最可能发生改变的地方便是学校了，他着手改良，路见不平则不吐不快，一定要奋起行而改之。1919年12月，清华学生成立第一个永久性自治机关，即清华学生会，他被推举为文牍科主任。然而当时的校长张煜全不准成立全校性学生会，还派校警干涉成立大会，切断会场的电源供应，使礼堂陷入一片混乱，引起学生的公愤，大家决定罢课并发动"驱张"运动，这就是清华校史上有名的"一赶校长"。闻一多发挥他的艺术天赋，画了一幅辛辣的讽刺漫画，上有一个大腹便便、目光无神之人瘫在床上，正是张煜全的形象，画题"垂床听政"，将其不理校事的丑态刻画得淋漓尽致，大家看后无不捧腹大笑。不久，张煜全就被赶出清华，同学们的努力获得了成效。

"工社"是他另一个改良学校的阵地，成立于1920年3月，开始只有四个人，一两月后又加入两人，一共六人。开始只是几个知己好友在一起阅读讨论，本不需名字，闻一多和密友潘光旦提议以"工"为名，"工"是古文"上"字，通"尚"，表示他们立志保持良心的纯洁，积极向上。此外，"工"还是六，恰恰符合人数。大约在此时，因为连姓带名叫人颇不礼貌，闻多就在朋友的建议下改名为"一多"。社团成立初期，他们每周开会交流读书报告并讨论社会问题，范围多在知识领域，后来还对西方宗教产生兴趣，试图以基督教拯救人们的精神。他们还接受了教堂的洗礼，但并不迷信，也不去做礼拜，只是把宗教作为一种思维模式。在思想多元的环境中人们很容易彷徨而不知所措，这或许就是闻一多走过的一段弯路，他去往美国后不久就认识到宗教的真实面目而宣称与之决裂。暑假后，他们力图革除"只说不做"的通病，就开始从现实着手。上社成员富有责任感，看到校内一切不合理的事情都要出来发声。闻一多首先发难，其成果就是发表在《清华周刊》上的《旅客式的学生》。在此文中，他以画像式的白描笔法勾勒出了几种等待出洋学生的样貌：有游手好闲好吃懒做的"少爷学生"，有幼稚而不能照顾自己的"孩子学生"，有两耳不闻窗外事的"书虫学生"。他最厌恶那种"改良了旅馆于你们有什么利益？等到旅馆改良了，你们已经走了"的论调，坚信"我们生到这个世界来，这个世界就是我们的"，"遇着事，不论好坏，就研究，就批评，找出缺点，就改良。这是人底天性"。正是这样的精神促使他"从最切近的地方——我们的学校做起点"，一步步开始改良社会。对于前两类的学生，只好劝他们不要来，而对于只知读书的书呆子，他劝他们分些精力在书本外面，因为"绝知此事要躬行"，只有实践才能出真知。

抵制坏电影是亅社的又一大成绩。清华远在城外，同学们消遣娱乐的办法并不多，周末时看看电影是仅有的几种娱乐方式之一。有两个同学不知从哪里弄来《毒手盗》、《黑手盗》等渲染凶杀色情的美国电影，借学校的礼堂，一周一次开业放映，他们包揽了宣传、售票，场场座无虚席，获利颇丰，影响很坏。一位美籍教师的儿子模仿影片偷盗的手法被抓后，学校还是放任这样的电影毒害观众，亅社的成员终于不能再坐视不管了，他们利用《清华周刊》，发动同学共同抵制诲淫诲盗的黄色片子。闻一多以电影放映前作为预告的黄纸为靶子，用《黄纸条告》一文率先宣战，之后亅社其他成员纷纷发文批判，在校园里掀起了热烈的讨论。校长金邦正亲自征询闻一多等人的意见，最终决定暂停电影放映。这引起了一些同学的不满，学校出面解释并非以后一律不许电影放映，而是采取"一减少、二替代、三改良"的方针，也就是说，暂时不放映是出于即将考试，不分散同学精力的考虑，之后如果有好电影，一样会允许放映。这一场声势浩大的活动以亅社的成功而宣告结束。

1921年，辛酉级的同学们即将迎来毕业，走出国门继续深造。大家都在考虑自己未来的专业方向，由于家境因素或实业救国的思想影响，很多同学选择了经济或科学。在填志愿以前，闻一多的美术教师司达尔女士前来劝说他报考美术学院，以他的资质，一定能在艺术天地中大有作为。本来在建筑与美术间犹豫不定的闻一多当即决定学美术，并在志愿书上填了

"芝加哥美术学院"，他是清华第一位攻读美术的毕业生。

然而就在他整治行装准备出洋留学时，"六三惨案"的消息传来，当时，北洋军阀长期拖欠教育经费，北京八所大学的教职工宣布停职，但政府置之不理。6月3日，李大钊等领导的"八校教职员索薪团"展开罢教斗争，22所学校的600余名学生在新华门请愿，但被军警残酷镇压，受伤者近20人。北京学联宣布罢课以抗议暴行，因为清华有美国退款，无经费之忧，并未参与此次活动，学联批评清华置身事外。尽管闻一多认为这次事件与五四不同，但清华学生会是学联成员，理应执行其决议。于是，8日学生会评议部通过罢课案，当晚全校学生大会上则激辩三小时，结果由于大多数同学认为当今政府不能用罢课来警醒，只能同情罢课，所以大会将评议部的提案修改为"清华学生应该罢课，惟须与北京部立私立各校取一致行动"。此时辛酉级正面临出洋前的大考，原定6月13日开考。而学联决定6月11日开始罢课。与政府沆瀣一气的校方为了阻挠罢课，以不能留学相威胁，宣布大考按既定时间进行，不参考者一律取消学籍。学生们向学校做出两点说明，一表明牺牲的决心，二要求学校于罢课后举行补考，粉碎了学校对他们逃避考试的指责。13日，校董会开会决定大考改在18日，不料当日没有人走进考场；学校临时改变策略，又宣布改在22日举行，并威胁称是最后的机会。八年寒窗，一旦失去了这一机会，整个人生都将为之改变，在这样的紧要关头，闻一多义正词严地主张坚持不考，有些同学却在严峻的考验面前动摇了、被分化了。22日，辛酉级有三分之二的同学参加考试，校方允诺他们于1922年春天出国，而对闻一多等罢考的29名同学，则给予"自请退学"的处分，被取消学籍。

收拾行李返乡时，他们不免有白白送掉了留学机会的慨叹，也不知如何回家面对亲友的责备，但是一看到那些参加考试者面对他们的窘态，就油然而生一种真理在握的自豪感，毕竟，人生有比出国重要得多的东西，为了正义决不可屈服。他们被清华退学这件事情产生了强烈的反响，社会上纷纷指责，而清华董事会也觉得开除这些学生在经济上对美国不合算，因而不同意学校的处分。当年8月，清华宣布只要他们肯签悔过书就可于次年放洋，闻一多坚称无罪可悔，回校后大家磋商后，一致同意不写。后来学校为了挽回脸面只好让步，声称集体写一张悔过书也可以，他又坚决置之不理。校方又玩弄花招，公布捏造的"外交部批示"称该校学生"声明悔过。情词恳切，似可予以自新"。他联合三位同学发表文章揭露这个部令实为"威压政策"，是"滑头手段"，将校方与外交部勾结的丑陋面目大白于天下。这种不屈不挠决不妥协的斗争精神，激励着闻一多在之后的岁月中一直为正义高呼呐喊。

1921年9月开学后，辛酉级29人因未出洋，学校不好编级，只好把他们叫做"大二"，清华有"大二"，这是唯一的一次。闻一多因这一变故暂缓出洋一年，前后在清华生活了近十年，是绝少的特例。不过塞翁失马，他不再受学业拘束，住着单间，可以完全沉浸在自己喜欢的诗学中。该年11月在他的建议下，清华文学社成立，他被看作老大哥，大家都喜欢拿出新作请他批评。很多人都受到他的鼓励。梁实秋正是其中之一，两人相见恨晚，一拍即合，很快成为莫逆之交。当时新诗尚处于草创期，有很多不成熟的地方。自1920年起，当时已经有了很深古诗基础的闻一多开始尝试写新诗，成效卓著。白话诗在那时还颇不能为人所理解，他的老师也有不赞同的，有一次，一位国文教师出题"雪"，他以一首白话诗上交，老师却认为他做古诗做得很好，就不必趋附时势，言下之意颇瞧不起白话文。闻一多看了后只觉得好笑，下次上课时，他用文言文翻译了外国诗人的一首诗，就是想证明文言诗歌已经不符合时代的要求，落伍于潮流了，不料老师倒是很赞赏那首译诗。在社会上努力推广白话文的时候，学校还开了一门"美术文"的课，专讲中国古典诗词，这不免有倒退之嫌。闻一多敬告那些"落伍的诗家"，"若要真作诗，只有新诗这条道走，赶快醒来，急起直追，还不算晚呢。"他自已编过一本手抄的新诗集《真我集》，共十五首，努力摆脱旧诗束缚，是流行的自由体。文学社是对他影响最大的社团，文学社里他的成绩也最显著。直到他赴美留学后，仍与社中同仁保持着密切接触。

这年寒假，闻一多破例回家，奉父母之命完婚。妻子名高孝贞（后改名为高真），小他4岁，出身官宦之家。闻高两家本有姻亲，在闻一多刚考上清华时，高孝贞的父亲就认定他有出息，愿意将女儿嫁给他，两个孩子小时候也见过一面。闻廷政看好这门亲事，于是早早为他定下了娃娃亲。他本来不愿结婚，要专心治学，更何况他内心里也抵制包办婚姻。但父母担心一出国就是五年，婚姻大事不能拖延，于是百般催促他回家成亲。作为有名的孝子，在各种压力下，闻一多不得不做出牺牲。但他也提出几个条件，一不祭祖，二不对长辈行跪拜礼，三不闹新房，这些都得到家中长辈的同意。这几个改革，之后闻家子弟的婚礼也照办了，成为定习。他结婚那天，张灯结彩、鼓乐齐鸣，十里八乡的名流均来致贺，家里人忙得不可开交，但他却清闲，抱着几本书跑出去了。家里人多次找他理发换衣服，他看书看得入迷，竟然问换衣服做什么，连自己要结婚都忘了。按惯例，新郎是要在宾客中应酬的，他却躲进了书房，直到傍晚时分新娘的花轿到了，找新郎拜堂，他才在催促下走出来。

婚后，新房马上成了书房，闻一多开始赶写《律诗底研究》一书，因为担心去美国后找不到这样丰富翔实的参考书作为材料，他决意在出国前完成这部著作。妻子高孝贞常常伴在他身边，为他整理书籍、打理家务，省去了他很多烦恼。两个月后，该书终于脱稿，他非常高兴，作《蜜月著<律诗底研究>稿脱赋感》，可见他们夫妻的感情还是很真挚亲切的。3月中旬后闻一多要返校，顺便送妻子回娘家，他与家中父母说好，要高孝贞上学校念书，在两人的坚持下，家里最终同意了，高孝贞上了武汉的女子师范学校，在后来的岁月里成为他得力的贤内助。

这年4月底，闻一多与其他9名同学计划去安徽灾区服务。当时华北屡屡大旱，野有饿莩，白骨枕藉。国际红十字会组织救援，华洋义赈会负责具体实施。清华学校受华洋义赈会的请求，派同学为外国援助者担任翻译。早在1921年，吴泽霖就写信给⊥社等人描述外国友人牺牲自己的正业来救助灾民，本国人却对此漠不关心，实在令人惭愧。当时闻一多就萌发了去做灾区服务的念头，但一直没有得到机会。这次好不容易得到学校的同意，不巧正值第一次直奉战争前夕，局势一触即发，旅途极为艰辛。火车停运、关卡林立，一律禁止来往，连食物都得不到供应。实在没办法，他们一行人只好原路返回。他们刚刚回到清华几天后，战争就爆发了，他们折返的地方成了主战场。闻一多的灾区服务夭折了，一路上的见闻让他既悲哀又愤怒，天灾固然令人无奈，军阀混战的人祸更是令人忍无可忍。他仰天长叹，残酷的现实让他迅速成长起来。

终于到了和美丽的清华园、和亲爱的同学们离别的时候了，他的胸中充满了不舍与惆怅，以及对母校的眷恋和期望，他对文学社的好友们说："我们肉体虽然分离，精神还是在一起。"但他还有不吐不快的话。他在清华发表的最后一篇文章《美国化的清华》，以他十年的经历一针见血地指出了清华的弊病。学生事事强调实用，平庸肤浅、虚荣浮躁，正是美国化的流毒。他感慨道："物质文明！我怕你了，厌你了，请你离开我吧！东方文明啊！支那底国魂啊！'盍归乎来'！让我还是做我东方的'老憨'吧！理想的生活啊！"这实际是对自己与一切出国同学的殷殷告诫，不要忘了自己的根本，不要成为美国式的机器。抱着这样的信念，他依依不舍又坚定地走出了他挥洒过炽热青春的清华园，走向了更广阔的天地。

二、旅美孤雁，高歌咏国

1922年7月16日，闻一多登上了开向新生活的宾夕法尼亚州号客轮。他原以为在船上可以一抒诗情，将新鲜的景物写入诗中，还计划写出《海槎笔谈》，在诗书中度过愉快的旅途。但上船后才发现，尽管海轮装修十分豪华，公司为了招揽客户，对待出洋留学生也十分殷勤，可是触目所见不是麻将就是扑克，人声鼎沸，将他的诗性戕害得一干二净。同船者也没有言谈投机者，他倍感寂寞，只能给好友写信抒发抑郁之情。

船经日本，停靠横滨，逗留两日。闻一多便与大家一起乘电车去东京等地参观，欣赏了当地的优美景色，印象很好。尤其是他还结识了一位帝国大学的学生，两人都很喜欢诗歌，在闻一多临走前，那位学生还赠给他一本诗集。但回到船上后，他看到一篇描写中国留学生在日本受到种种欺凌的小说，不由得思索：同为黄种人的日本人尚且对中国人这样，异种的美国人又该会是怎样呢？去国怀乡的忧思占据了他的脑海，他写出了《孤雁》一诗，把自己比作"不幸的失群的孤客"，即将去往"苍鹰底国土"，那里既凶恶又危机四伏，"教你飞来不知方向，息去又没地藏身"，显然指的是工业化后大肆破坏自然的美国。有温柔亲切的声音呼唤他掉转方向回到明丽清新的故乡，可是他怎么能回去呢？"我脚上又带了一封书信，/我怎能抛却我的使命，/由着我的心性/回身棹翅归去来呢？"闻一多深知自己来到美国背负了以所学知识振兴中华的使命，如果不能学有所成，有何面目面对师长亲人呢？因此，尽管前途凶险，很多事情让他悲哀落泪，他也一定要坚持下来。后来，闻一多编《红烛》诗集的时候以这首诗的名字为海外篇的篇名，足见对它的重视。

8月1日，横渡太平洋的旅途终于走到终点，闻一多抵达西雅图，在这里辛酉级的同学们共29人合影留念后，就各自奔赴所在的学校。之后他南下去旧金山，再向东走，一路上参观了壮美的洛基山脉，领略了美国雄奇的自然风光。7日，他来到了美国当时的第二大城市——芝加哥。芝加哥是美国的交通中心，铁路四通八达，且重工业十分发达，是经济与社会生活的中心之一。这座城市的文学也相当发达，"芝加哥文艺复兴运动"此时方兴未艾，主要的代表作家有卡尔·桑德堡、德莱赛等，他们在作品中描绘美国城市生活，批评人们丧失了传统乡村美德而被工业化后庸俗的市民气息所污染，只知追求物质享受，这种思潮对闻一多产生了不小的影响。

他对芝加哥的第一印象并不好，在工厂区，林立的烟囱时刻喷吐着黑烟，房屋都被熏黑了，出去走一圈衣领就会变黑；他与同学合租的街边小房间，无时无刻不包围在嘈杂的车流与闹市声响里，他戏称为"惊心动魄的交响乐"；饮食不仅昂贵也不可口，为省钱他每天只吃两顿，吃完后不到一两个小时又感到饿了；身边留学生分成很多个小团体，各不相容且四分五裂，精神状态则不是事事抱着无可奈何态度的萎靡不振，就是带着女伴出游或对别人女伴指指点点的嬉皮笑脸，这悲观的景象让他很是痛心。总之，刚到才一星期，他已经厌恶这里的生活了。

离开学还有一个月左右，他不愿四处闲逛，就一个人躲在房间里从事诗歌研究与创作，他从国内带了好些古典文学书籍，埋头于对陆游与韩愈的研究中，只可惜有些时候限于条件，找不到相关的参考书，只好暂时付之阙如。在这样困难的环境中，他依然积下了厚厚一叠写满蝇头小楷的稿纸。在芝加哥的头一个月，他每天都在忍受浓烈爱国之情的煎熬，便写出长诗《太阳吟》以抒发自己的情感。诗中，他在清晨醒来，看到"火一样烧着的太阳"，不像其他热烈歌颂太阳带来光明的诗人，他只觉得心被刺痛了，因为它逼走了他刚刚做着的香甜的还乡美梦，还给了他又一天清醒的折磨。他想骑上太阳，这样每天都能望见一次家乡，然而这注定是奢望。这里的景色不是他所熟悉的，"这里鸟儿唱的调子格外凄凉"。面对同样"无家可归"的伙伴，他只好对着这唯一的倾诉对象喊着："太阳啊，慈光普照的太阳！/往后我看见你时就当回家一次/我的家乡不在地上乃在天上！"

好在很快芝加哥美术学院就开学了，闻一多的忧思终于可以暂时得到一些缓解，转移到繁重的课业上。作为美国最著名的几所美术学院之一，芝加哥美院有着世界一流的师资力量并集中了当时最优秀的年轻人才。学校附近还有建于1866年的芝加哥美术馆，收藏了丰富的世界艺术珍品，欧美的藏品自是不必说，尤其是还有来自东方的种种艺术品，令闻一多感到满意和亲切，他时常来这里观摩。他不像其他留学生一样喜欢西洋画或雕刻，而专注于中国艺术，因为他觉得中国画能"画出人的精神，但并不和原来的样子一模一样"。

与此同时，在严格的学术训练下，他开始系统学习西方美术，此时他以画素描为主，他的作品阴影浓淡处理得当，富有活力。美国的课程设置很紧凑，他每天八点赴校，坐火车到四十多里外的学校上课，下午五点回到宿舍，全程都在不停地学习，像一块海绵一样贪婪地吸取着知识。在他的不懈努力下，他的功课多为上等或超等，常常得到老师的夸奖，于是他"益发对于自己的美术底天才有把握了"。但是，他认为自己主要的兴趣还是在文学上，他"学美术是为帮助文学起见的"，仍然决定回国后从事文学事业。不过，他自己也有一些动摇，因为担心国内的大学不愿聘任非文学专业的留学生做文学教员，所以他立志在文学上先要做出一番成就。为了这个目标他真可谓呕心沥血，白天在学校忙碌地做了一天的功课，做上瘾了，回到宿舍就想着润色自己的诗作。拜伦、雪莱、济慈与杜甫、陆游的作品让他手不释卷，看起来就忘了休息。有时他不甘寂寞的心还催促着他加快对唐代六诗人的研究或者多看哲学书。不仅如此，他兴趣十分广泛，除了写出对郭沫若《女神》的两篇诗评外，还想写小说和戏剧。这样压力骤增、不知疲倦地连轴转，对身体的损害是很大的。不到半年，他就常常掉头发，消化不良，整夜失眠，健康每况愈下，不过他仍然不愿停息，而对友人说："死有何足畏呢？""我要创造。"继续着自己的工作。

尽管对芝加哥这座城市有种种不满，实际上闻一多还是能客观看待的。之前在清华时，他曾坚决抵制美国的坏电影，来到美国后，他在同学的邀请下看了几场，便意识到之前的确有些狭隘了。这里放映的美国电影艺术水平较高，观众也有很好的审美能力，因此好电影也不失为艺术的一种。此外，他非常喜欢芝加哥绿意盎然的公园，常常在那里度过一个又一个美好而诗意的下午。那里是这个大工业城市少有的"绿肺"。有一次，一只可爱的小松鼠从他的左肩膀爬到右肩膀，待了好一会才跳下去，让闻一多感到很是温暖。在他的倡议下，一些留学生朋友一起在晚饭后去公园散步，累了就在草地上读读书，真是惬意极了，他们读的都是中国诗，这样的氛围，总能暂时抚慰他的乡愁，让他文思泉涌，精力充沛。

在刻苦攻读完一年级后，他获得了美国教育界对学生的最高褒奖：最优等名誉奖，获得此奖的学生可被载入一种专门的年鉴，十分令人羡慕，不过他自己却并不在意。他高兴的是结识了一些热爱中国与东方文化的美国文化界人士，相谈甚欢，如芝加哥大学法文副教授温特先生、著名女诗人海德夫人与爱米·罗艾尔等。到美国两月后，一位家藏有中国画和瓷器的浦西女士听说他的才能，就邀请闻一多共进午餐并请他翻译上面的文字。交谈中，浦西女士得知他在诗歌方面的喜好，就写下两封推荐信，一封给卡尔·桑德堡，深受当时下层劳动者喜爱的著名诗人；另一封给《诗歌》杂志创办人门罗，这两位诗人对欧美现代诗歌的发展起到重大的作用，闻一多有幸结识他们，并在此时期深受他们诗歌风格的影响。之后，他开始接触更多美国诗坛的优秀作者。一次聚会时，他遇到海德夫人，就将自己的诗译出几首请她评价。海德夫人曾经来过中国，还当过《诗歌》的编辑，出了两本诗集，在文学界很有声望。她颇为称赞闻一多的诗歌，提出了一些建议，还劝他多译出几首，她会帮忙推荐给门罗，请他发表在《诗歌》上。这无疑是很高的赞赏了，朋友们得知后笑他还没有上中国诗坛，倒是先上了美国诗台。

　　1923年2月15日是农历除夕，浦西夫人知道这是中国的节日，就邀请他去美术馆共进晚餐，还介绍爱米·罗艾尔和他认识。爱米是美国意象派诗人的领袖，作品中充满了活力与跳跃的诗思，难得的是她还酷爱中国古典诗词，并在创作时有意模

爱米·罗艾尔

仿。她与人合译过一本中国诗集，题名《松花笺》，里面选了大量李白的诗作。她的诗歌成就令闻一多敬佩不已，可惜数年后她就离世了。闻一多专门为她写下介绍与悼念文章《美国著名女诗人罗艾尔逝世》来缅怀这位好友。与闻一多交往时间最长的，则是后来成了他一生挚友，有着"中国热"的温特先生。温特爱读诗写诗，也喜欢翻译诗歌，他知道闻一多写诗，就邀请他翻译中国古诗。两人一拍即合，闻一多给他讲中国诗，他则给闻一多介绍英国诗的格律，他们见面时总是谈个不停，常常谈到夜里一两点钟，闻一多要告辞时，两人又从客厅谈到隔壁房间，再谈到大门，再谈到楼梯边上，直到闻一多说实在要回去睡觉了，两人才分别说晚安。他们不仅在艺术上都热爱东方文化，在思想上也有共同语言。温特虽是美国人，但没有种族歧视，十分同情黑人，还为此和学校发生过冲突。他也一直想去中国感受神秘的东方风情。后来，在闻一多的推荐下温特也得以任教于清华园，两人从此再未分离。闻一多牺牲后，因为家属不便随身携带他的骨灰，就暂时存放于温特家中，借他的外籍身份保护其不受特务的侵扰，温特就将闻一多的骨灰放在自己的书架上，朝夕相对，直到新中国成立后又完好地归还闻家。

但种族歧视的阴影还是时时笼罩着闻一多，他在获得最优等名誉奖后本可获得公派去巴黎、罗马深造艺术的机会，后来却得知这一机会仅限于美国人，不禁觉得十分屈辱，他气愤地说："于此更见美人排外观念之深，寄居是邦者，真何以堪此？"曾经蠢蠢欲动的离开芝城的念头在此时不可遏止地燃烧起来。正好梁实秋这年从清华毕业，来到科罗拉多大学。尽管这个大学规模很小，但却是哈佛大学承认的西部七个小大学之一。科罗拉多在西班牙语里是"红色"的意思，因其土壤是红色而得名，也简称珂泉。它在美国独立百年时才刚刚建州，因此又被叫做"百年州"。那里气候凉爽风景宜人，是美国著名的度假胜地，他寄了一组明信片给闻一多，本是想逗逗他，炫耀一下这里的风景，谁料闻一多接信后也不告诉任何人，自己提着一个小箱子乘火车来到此地，临时请求入学，住进了梁实秋寄居的房子里。

他的生活向来不那么中规中矩，房间总是乱糟糟的，床铺也不清理，作画时披着的衣服上满是油彩和渍痕，书桌更是凌乱不堪，爱秩序井然的梁实秋以此讥笑他不拘小节。当时闻一多没说什么，第二天却笑呵呵地给梁实秋看一首诗《闻一多先生的书桌》。诗中各种桌上用具都纷纷活了过来，抱怨它们的主人太懒散敷衍，而主人则咬着烟斗笑着说："秩序不在我的能力之内。"这诗中有一种潇洒神秘的自然风情，很有谐趣。尽管看上去幽默自在，他的生活却常常捉襟见肘，虽然每月八十元的公费足以覆盖日常花销，但他需要购买颜料和帆布，还热爱购买诗集，有时又常常遗失物品忘了放在何处，这样算下来不免入不敷出。以前他在芝城时为了省钱只在餐馆草草敷衍几口了事，甚至只吃一点冷面包，落下了胃病。来到珂泉后他便与梁实秋一起开火做饭，两人试着自己炒菜、煮茶和鸡蛋，虽然材料有限，厨艺更是不精，不过做出来的东西倒有些家乡风味，两人很是快意。有一次他们还煮水饺，引起管理员的不满，煮好后送他一碗，他尝后眉开眼笑，也不再说什么了。珂泉大学的美术专业虽然不如芝加哥美院那样好，但能与好友日夜相见、相互酬唱，实为人生乐事，而且珂泉尚未受工业化的毒害，利于闻一多疗养自己之前由于拼命读书写诗而过于劳累的身体，可谓一举两得。这时候，他的第一部诗集《红烛》经由郭沫若介绍，终于在国内出版。

诗题《红烛》，包含有强烈的献身精神。在开宗明义的序诗中，赤诚且热情的红烛正象征着诗人跃动的心，燃烧着自己为世界创造光明。诗人以唯美主义与浪漫主义的笔触渲染着自己的情绪，用优美而合于韵律的语言强烈地表达出"红烛"这一传统意象深厚的文化积淀，正所谓"蜡炬成灰泪始干"。但"红烛"并非一味热情似火，它"流一滴泪，灰一份心"，是闻一多五四后压抑苦闷而彷徨的真实写照。不过他并不屈服，而是坚决继续着自己的奉献。"莫问收获，但问耕耘"，愿意为真理献身，这种精神是他一生未曾改变过的根本态度。《红烛》集子早在清华时就开始编订了，来到美国的第一个寒假里，也许是节日中更能感受到离乡的痛苦，闻一多五天内写出五十首诗，经过筛选，与之前的诗作共同选出103首编作一集，寄回尚在国内的梁实秋，由他协助出版。

全书前三部分《李白篇》《雨夜篇》《青春篇》作于国内，后两部分《孤雁篇》和《红豆篇》作于美国。其中最感人的就是收录于《孤雁篇》中的爱国思乡之作。除了上文提到的《孤雁》与《太阳吟》外，《我是一个流囚》和《忆菊》也是历来为人所称道的名篇。《我是一个流囚》的创作灵感来自一位学文学的同学，这位同学深受包办婚姻之苦，在美国因感情受刺激而最终发疯。他自称是个"年壮力强的流囚"，他也不知道自己犯的是什么罪，但却因此而备受折磨，只能在无边的黑暗道路上盲目地行走着，他"鲜红的生命，/渐渐染了脚下的枯草！"但他仍将坚定地走下去，如受难的耶稣一般承担人类与民族的苦难，因为他相信民族的前进必须有人做出牺牲。

《忆菊》则是在重阳节前一天写出的，当时闻一多恰在病中，"百感交集"。在这个登高望远以怀人的传统节日里，"遥知兄弟登高处，遍插茱萸少一人"，他不由得对着面前盛开的菊花想起自己的亲人、家乡与祖国。这首诗充满了色彩斑斓而灿烂的意象，对各色菊花的描写都极其精妙美艳，朵朵怒放的菊花如同醉美人、如同怒将军，各有风姿，文字中显示出作者深厚的古典文学积淀。他把菊花看作是诗人的花，更看作"四千年华胄的名花！"他反复地热情讴歌着："我要赞美我祖国底花！我要赞美我如花的祖国！"他认为这是自己的得意之作，"出自至性至情，价值甚高"，传神地表达出一位在外游子的热切心声。这也的确成了闻一多的代表作之一。当然，除了这些表达思乡之情的作品，其他诗作也达到了很高的艺术水准，如写景的短诗《秋深了》《小溪》《稚松》《烂果》；抒情的小诗《火柴》《玄思》等，各有长处。

《红烛》的意义，不仅在于思想方面，还在于艺术探索上。闻一多写新诗做出了很多努力与尝试，无论是诗歌的长短和句式，都能在集中找到不同的形式变化。他也逐步形成了自己的风格，即善于用韵而形式整齐。如《太阳吟》共十二节，自首至尾皆用一韵。他有着饱满而火热的情感，如火山里翻滚的岩浆，但并不直接喷发到笔端，而是沉淀后以精巧的艺术手法展现出来。他富于想象，"跨在幻想的狂恣的翅膀上遨游"，讲究暗示。同时，他非常重视诗歌的外在——语言的精炼得体。得益于深厚的美术功底，他的诗作常常呈现出色彩华丽而生机勃勃的景象，火热的红，金黄玉白，春酿的绿与秋山的紫，他沉醉于色彩中正如沉醉在生活中。他还爱用拟人化的手法，将眼前之景视为好友或仇雠，爱憎分明。当时诗坛热衷于借鉴外国经验，人人爱在诗中放入一些西方的新名词，闻一多却有意和这个潮流保持了距离，继承了传统诗词中宝贵有益的部分，既深沉又开阔。他自己精益求精，后来对这本年少之作不甚满意，称之为"不成器的儿子"，"已经将他过继出去了"，不愿再提，但在同类同时的作品中，《红烛》实在可以算得上是一流的佳作了。

闻一多的诗歌本是清新明丽的风格，如《春寒》《春之首章》《春之末章》等都写出了自然景色的可爱与他对美的向往。但长达300多行的《园内》可算他的一个转型。早在清华建校十周年时，他就想写一篇描写清华生活的诗作，当时没有作成。离开清华两年后，在文学社的邀请之下，他再次提笔描绘难忘的母校，积压的情感终于痛快地吐尽了。该诗的八部分布局谨严，相互呼应，实为一首律诗的放大，和谐而完整。诗中描写的每一处清华景色都被诗人配上了浓烈的色彩：晨曦的荷花池是黄，夕阳的体育馆是红，凉夜的大礼堂是蓝，深更的高等科大楼是黑。校园中生活着经过五四精神洗礼的爱国青年，诗人重点将他们作为中国新生的希望加以颂扬。但其实，他作诗时的心境"只有悲哀、绝望、孤寂、无聊"，"其中正含有无限的冷泪"。《园内》标志着闻一多的诗风由秀丽转向雄浑，这与他立意"多作些爱国思乡的诗"是密不可分的。该诗甫一出世，就得到了众人的赞美，有人评论说，这是清华"十二年来园内屡屡的诗丝的大成"。

除了自己的诗歌创作，闻一多还立志要以诗歌评论来引导诗坛的风气，"径直要领袖一种文学潮流或派别"，至少也要对不正之风提出批评，因为"越求创作发达，越要扼重批评"，他是想以此进一步促进新诗的发展。他此时最著名的诗评就是为郭沫若《女神》写的《女神之时代精神》与《女神之地方色彩》。在此之前，他写过对俞平伯《冬夜》的长篇评价，并与后来梁实秋对康白情《草儿》的评价合刊为《冬夜草儿评论》。《冬夜评论》的核心，就是反对毫无格律随意而作的新诗，主张新诗人也应该并有能力产出高艺术质量的作品。新诗刚刚诞生时，为了与旧诗相区别，一些诗人主张打破格律和一切束缚，尽情地抒发自己的感情和思想。胡适在新诗第一本诗集《尝试集》中就已显露这样的端倪。他主张写"无韵自由诗"，使用"自然的音节"。这种提倡在后来的实践中愈演愈烈，仿佛新诗可以以俗自傲了。一时间新诗的尝试者多如过江之鲫，作品也多为俗滥的口语白话，毫无价值。康白情认为新旧诗歌的区别就在形式，旧诗的陈腐规矩都要打破，其中"最戕贼人性的是格律"，因此新诗就要自由成章而不要格律。闻一多是不赞成这种观点的，他认为新旧诗的区别除了形式，更在于思想，也就是时代精神。他是很重视格律的，古诗因为格律而有了音乐的美感，新诗应该借鉴这一优点。他提出一个著名的比喻，那就是诗人的创作正好比戴着镣铐枷锁跳舞，技艺高超的人，能借其束缚创造出格外有魅力的舞蹈，而技艺平庸的人，以为打破枷锁后就能随意发挥了，实际上却是把诗歌的"灵魂"都一块打破了。当时诗坛萎靡不振的状况也证明了这一点，由于很多新诗质量差，一些知识分子看不起新诗，有的报刊不愿登载新诗，新诗的前途堪忧。

实际上，新诗提倡平民风格，本意是好的，是想与过去专为封建贵族服务的诗歌决裂，但在创作中，却出了各种各样的问题。比如俞平伯《冬夜》中的一些诗，只为了迎合下层市民，让他们也能看得懂，这样就偏离了诗歌真正的价值所在。闻一多认为这是得不偿失的。既然称之为诗，就要能承载起这种文体的思想深度。诗当然要运用自然的口语，但只有口语是不能成为好诗的。关键就是要挖掘语言中潜伏的美，将节奏、平仄等声音要素完美地表现出来。要做到这一点，就要吸收借鉴古典诗词中的优秀部分，否则新诗之路只能走上歧途，要么干脆做不出像样的诗，要么只好彻底用外国文字作诗。诗歌要运用自然的原料加工提炼创造为艺术作品，这一过程就是"艺术化"。只有通过艺术化检验的作品，才可能让新诗有长足的发展进步。

闻一多是一个是非分明的人，看到不满意的地方，一定要大声疾呼，看到令人高兴的成绩，也要予以肯定。对于《冬夜》凝练、绵密而婉细的音节特色，他毫不保留地加以赞扬，称"当代诸作家，没有能同俞君比的"。可见他就事论事，绝不像当时评论界的某些人一样借文章发泄个人憎恶或者互相吹捧。他的批评，都是为了新诗能够更好地发展。

《冬夜草儿评论》出版后，胡适与相同主张的人都表示了反对，但却获得了郭沫若的关注与赞赏，本来就认为郭沫若是"现代第一诗人"的闻一多得知后极为高兴，认为知音难得，他在信中对家里人说，哪怕"全国人都反对我，只要郭沫若赞成我，我就心满意足了"。他评论《女神》，正是希望从正面为新诗树立一个好的榜样。在《女神之时代精神》中，他开宗明义，认为只有郭沫若的诗才配叫做"新"，因为"他的精神完全是时代的精神"。闻一多认为20世纪是"动的世纪"，是"反抗的世纪"。所谓"动"，就是变革发展，这样的思想很符合现实需要。而"反抗"则是革命流血，他称赞《匪徒颂》与《凤凰涅槃》，指出五四之后青年们处于黑暗到极点的世界，感到再也生活不下去了，心中充满了说不出的痛苦悲哀，而郭沫若则替他们完全地喊了出来，这就是很大的贡献了。而且，只有像郭沫若那样熟知现代科学的产物，才能自由地将其运用于诗歌中，完成艺术与科学的结合。但在《女神之地方色彩》一文中，他偏重批评郭沫若的过于欧化。《女神》中充斥了"德谟克拉西"等洋名词，却看不到中国的物产、中国的历史，郭沫若的诗歌在语言上也爱用没有必要的西洋文字，有盲从西洋的嫌疑。他说郭沫若并不是不爱国，但的确不爱中国的文化，只看见坏处而不能看见好处，而他自己却是深爱着中国的文化的。闻一多十分清醒地意识到：新诗不仅要新于中国的古诗，也要新于西方的诗。"它要做中西艺术结婚后产生的宁馨儿。"他热爱中国的艺术与文化，"时时刻刻想着我是个中国人"，要做就做中国的新诗。这样理智又充满爱国色彩的认知，在当时一切向西方看齐的氛围中，实在是难能可贵的。

珂泉民风淳朴，一般民众对外国留学生较为友好，路上见面都会热情地打招呼。而在科罗拉多大学的美术系，他极受两位主持美术系的女士喜爱。这两位女士是姐妹，一个教画，一个教理论，都认为闻一多是她们教学生涯中从未见过的最有希望的学生，还称赞他本人的长相就富有艺术家的气质。她们与闻一多、梁实秋等都有过亲切的往来，常常邀请他们共进晚餐或一起出去游玩。这一年也是闻一多在绘画上丰收的一年。他读了很多西方美术史与美术原理的书籍，从素描转而偏爱油彩，受到印象派的影响，一幅描绘雪后教堂的图画就采用了印象派的点彩法，看上去曲折多姿，明暗交错，很是独特。他也尝试过其他各种风格，尤其喜欢荷兰画家梵高，模仿过梵高强烈的色彩对比与夸张的造型。他还给梁实秋画过一幅画像，因为立意要画出对方的个性，就不用传统的画法，而以粗壮的笔调大涂大抹，头发画成葱绿色，像公鸡尾巴一样竖立着，背景是红色的，对比十分强烈。人物的嘴角则向下撇得像个瓢，以此表示愤世嫉俗。梁实秋看后连连失笑。

这年春天，两位教授女士告诉闻一多纽约即将举行一年一度的画展，选择很严格，劝他参加试一试。他便将自己关在屋中一个月，用了很多新技法，忘寝废食、如痴如醉地拼命画。梁实秋有时实在看不下去了，就去叫他吃饭，可是他将房门锁上了，听也听不见。梁实秋从锁孔里向内一看，他正在画布上涂涂抹抹，也就不忍再打扰他了。最后他的成品有十几幅之多。但配上画框、装箱寄到纽约后，结果只有画着美国侦探的那幅得了一颗银星，其他均未入选，这对他打击很深，大概从此就产生了彻底抛弃绘画的决心。不过，即使是这样，在学校组织的成绩展览会上，他的作品仍是最佳，当地报纸还加以报道，称"中国青年的美术家占展览会中重要部分"。

虽然学画并不顺利，闻一多对西方文学的了解却更深了。因为梁实秋来美国学习英国文学，他也一起选修了"丁尼生与伯朗宁"和"现代英美诗"两门课。老师是位学识渊博的人，旁征博引，给人很大启发。课上，他学到了丁尼生、伯朗宁、霍斯曼、吉伯林等人的诗歌技巧，进步很大。但即使他想沉浸在艺术的天地中不理世事，外界的环境也总是有不和谐的声音。有一次，学校里的周刊上登出美国学生写的一首诗《斯芬克斯》，说中国人像狮身人面的怪物斯芬克斯，整天面无表情而不知想的是什么事情。看到这样的挑衅，闻一多与梁实秋义不容辞地决定各做一首诗来答复。梁实秋写了《一个中国人的回答》，闻诗《另一个中国人的回答》则辞藻华美，功力深厚，发表后引起全校师生的关注与赞叹，他们都注意到闻一多在绘画领域之外的诗歌才能。

1924年6月，闻一多从科罗拉多大学毕业，但因为他不肯违背自己的意愿浪费时间在无用的三角与立体几何上，就未能获得毕业学位，不过他自己对此毫不在意，只要学到东西就非常满足了。在毕业典礼上，他非常受刺激，按照学校传统，要一男一女排成两行纵队去领取毕业文凭，但没有美国女生愿意与六个中国留学的男生排在一起，校方只好让他们自己排成三对走在前面，场面实在是很尴尬的。他诗人敏感的心灵岂能受这样的委屈，再加上类似的事情已经发生过很多次：梁实秋有次与同学开车去吃饭，路上与美国车相撞，警察出于歧视不由分说就将中国学生关了起来，梁实秋花了很多钱才将他们保释出来；在科罗拉多大学读银行系的同学，去理发店理发，却被晾在一边，后来更是直接被拒绝。他花了大价钱请律师打官司，终于胜诉，然而那老板特地来解释，下次理发时不要到他的店里，他愿意上门服务，因为一旦有了黄种人顾客，白人便不愿来了。直到二十年后闻一多还是忘不了这样的屈辱，对人说："我宁可吃点冷面包，宁可头发留的长一点，少受点冤枉气也好呵！"在这样的环境里，他不免更为思念和敬仰力图振兴中华民族的英雄人物。曾有一时误传孙中山先生逝世，他涨红着脸激动地说："这个人如何可以死！"不久，他特意写出《南海之神》，正是推崇孙中山的颂诗。

毕业后，闻一多决定去纽约艺术学院，而梁实秋被教授推荐入哈佛大学研究院攻读硕士学位，两人在东去的路上先同行到了芝加哥，在停留的两周时间里，他们与清华的一些同学共同发起了一个"鼓吹国家主义为革命之基础"的团体——大江会。

大江之名，用以象征中国伟大悠久的传统。它的成立，部分原因是为了与清华1920级邱椿、刘师舜等留学生组织的"大神州社"唱对台戏。大神州社也讲国家主义，只不过与闻一多他们推崇的国家主义相距甚远。为了以正视听，他们决定针锋相对地也成立自己的社团。清华毕业留美的学生中，1921、22、23三级因为受到五四运动的洗礼，同处清华园的时间也更长，因而感情很深厚，交往比较频繁，闻一多与梁实秋在珂泉的一年中，与各地的留美学生保持着书信联系。1923年春，为了办起《清华周刊》驻美编辑部以及讨论改组清华董事会，大家之间的联系愈发密切，觉得有必要见面详细研讨并组织起来，于是约定暑假里在芝加哥见面。在此之前，一些志同道合的学生已经成立了"大江学会"，不过当时这个学会尚且只有一点点政治改良的愿望，没有实际的纲领或举措。

在芝加哥大学附近一条小街道的尽头，有一家简陋陈旧的小旅馆，胜在租金也很便宜，从美国各处赶来的十几人便住在这里，展开了热烈的讨论，最终形成几点共识：一是鉴于国内当时的危急处境，不应奢谈世界大同或国际主义，而是要提倡国家主义（Nationalism）；二是鉴于军阀专横恣肆，要拥护人权实行自由民主的体制；三是鉴于中国经济落后，人民生活艰难，应倡导变为工业社会。大江会的成立典礼就在这家旅馆的客厅举行。在梁实秋从国内带来的一面大国旗下，他们庄严宣誓要信仰大江的国家主义。他们加上"大江的"，就是为了防止被误会为狭隘的民族主义，他们在提出国家主义时慎重地标出英文，以示区别。大江的国家主义即对内实行改造运动，对外反对列强侵略，出发点就是朴素的爱国精神。他们认为当下最主要的任务就是反帝国主义与鼓舞民气。

19世纪末20世纪初是一个动荡的时代，第三世界国家都面临着生存的挑战。为了探寻出路，人们要么联合在一起，要么以他人的经验为借鉴。此时大量的西方社会思潮涌入中国，让人无所适从，青年们就依据自己的知识与经验选择主义来信仰，尽管这样的选择有时是盲目的，但至少饱含了他们参与政治的热情。1924年初，土耳其摆脱了西方列强的奴役，推翻了原有的封建统治而建立起自己的共和国，成为殖民地成功解放的标杆。大江会的成员们受此鼓舞，认为是"少年土耳其鼓吹国家主义"才产生了这样的效果。因此，他们也决定奉行国家主义。早在19世纪，马志尼创建的"少年意大利"就激励了很多人反抗异族压迫。后来很多国家都用这种精神发动群众，以此团结人民。

尽管有种种不足，大江会是闻一多参与的第一个政治性社团，他的专业不是研究社会、经济或政治，但是他极重感情，看不下去国内政治腐败、人民痛苦的情形，也受不了在国外受人轻蔑的遭遇，因此他对大江会投入了极大热情与精力，成为其中的中坚分子，向探寻中国未来出路迈出了坚实一步。大江会其实不是政党，也不是以利益相结合的帮会集团，并没有坚固的组织或者活动纲领，因此等到大部分人回国谋生以后，这个团体就涣散了。不过闻一多的热忱最长久，后来在他的强力鼓动下，终于创办了提倡国家主义的文艺刊物，名为《大江》。他对这本刊物是颇为自信的，为了避免被误解为借名人之光，他主张前几期不用名人的稿子，而是立志赤手空拳地打出招牌，定能一鸣惊人，可见其不甘流俗的志向。

大概也就是在这次会上，他见到了许久未曾谋面的好友潘光旦。潘光旦此时正学习优生学，闻一多就问他世界上何种民族会强盛，潘光旦回答说，受压迫比较深的民族一般易于强盛，比如犹太民族和中华民族。闻一多听后风趣地拍着手笑道："你研究优生学的结果，假使证明中华民族应当淘汰灭亡，我便只有先用手枪打死你。"此话听上去耸动，其实是他内心一腔爱国之情的一点表露而已。

1924年9月，闻一多来到美国最大最繁华的大都市纽约，进入纽约艺术学院深造。他住在江滨大道的国际学舍里，这是由煤油大王洛克菲勒捐助的专为各国留学生提供食宿的十几层大楼，又称"万国公寓"，租金低廉条件又很好。他虽是要继续学画，实际却没有好好上课，也没有时间作画，而是将全部精力转向戏剧，搞得热火朝天。他之所以投身戏剧，有个人兴趣原因，也有繁荣中华文化的思想在内。他在大江会中热心提倡的"文化的国家主义"，其内容正是以文字、文明与国家命运结合，通过振兴文化来挽救中国。闻一多意识到"文化之征服甚于他方面之征服百千倍之。杜渐防微之责，舍我辈谁堪任之！"这或许就是他以后致力于文化事业的原因。他与学习戏剧的熊佛西、张嘉铸、余上沅等一拍即合，立即开始了戏剧实践与创作。熊佛西对闻一多印象很深，他还记得闻一多说过："诗人主要的天赋就是'爱'，爱他的祖国，爱他的人民。"这句话后来流传极广，成为名言。熊佛西也是在闻一多遇害后，最早收集资料打算给他立传的人，可见二人友谊之深。

闻一多在清华时已经是新剧的中流砥柱，这次遇到几个同道中人，不免重新勾起了他的热情。中秋节前后，他们排演了洪深的《牛郎织女》，之后一连数周又筹备起余上沅编的英文古装剧《杨贵妃》。他发挥了自己的美术特长，包揽了化装布景，十分辛苦。这出剧占据了他们大半的时间，人人无暇顾及仪表，都长发披头，颇有艺术家的风范，生活上也昼伏夜出，是波西米亚式的。有时为了讨论一个问题，他们聚在台上或地窖里争吵不休，不过其中乐趣也是无穷的。这年12月，该剧在纽约公演，大获成功，闻一多用颜料在戏服上绘出的图案在灯光下显得富丽堂皇，十分耀眼。这超乎意料的成功鼓舞了几位青年，他们喝酒庆贺，第二天彼此相告，决定将从事戏剧作为终生的事业，把"国剧运动"作为回国后的口号。为了这个口号，他们两月内不辞辛苦地跑遍了纽约城，足迹遍及各个地方，只为了求得更优良的戏剧方法。他们还为国剧运动提出了很多设想，比如办杂志《傀儡》，办北京艺术剧院，办演员训练学校，办戏剧图书博物馆等等，热情很高涨。

纽约的成功消息传至波士顿，当地的中国留学生也决定排练一剧招待美国友人，便由梁实秋翻译了明代《琵琶记》中的一段，改为话剧，演员有谢冰心等。他们向闻一多写信求助服装与布景，当时闻一多正忙于筹备孙中山先生的追悼会，无法亲至，便回信让他们寄来剧本与舞台尺寸，他就可以制作图案。1925年3月，该剧正式演出，观众达千人之多，以文化界人士居多。结果非常成功，轰动波士顿。在演出前，闻一多还是专门腾出时间，特意赶到了剧场，为演员们化妆。男主角所穿之龙袍，就出自他的手笔，照耀夺目。背景的大屏风上画有碧海红日与白鹤，也是他的功劳。

两地的戏剧实验成功后，他们对国剧运动愈发产生了信心。他们成立了中华戏剧改进会，但活动屡屡受到经费不足的阻碍，往往最后垂头丧气而散。之后他们又想在国内为戏剧找到立足之地，北京大学作为新文化运动的摇篮，且有组织开设音乐传习所和画法研究会的经验，无疑是最合适的。余上沅与胡适有旧交，便由他代表闻一多等三人写信给胡适，介绍了他们筹备"北京艺术剧院"的运动，请胡适帮忙在北大开设"戏剧传习所"，给他们一个实验的地方，同时邀请胡适参加他们在美国成立的中华戏剧改进会。可惜当时国内政局不稳，并没有得到回信。

1925年3月12日，孙中山在北京逝世，各地华侨纷纷组织悼念活动。筹备纽约的追悼会时，大江会成员起到了很大作用。会场中间庄严供于桌上的孙中山遗像，就是闻一多用炭笔赶画的，他很喜欢这幅画，还拍下来分送朋友。《南海之神——中山先生颂》也在此时定稿，发表在《大江季刊》上。全诗一共三章，诗人将孙中山誉为可以与列宁、甘地、华盛顿等人并驾齐驱的圣人。当然，他对孙中山的歌颂不代表他一味吹捧不加思考，事实上他并不认同孙中山提出的"民族主义"，认为会导致种族歧视，因此转而提倡国家主义。他对国民党的政策，就更不是盲目赞扬了。大约同时，他还写出了著名的《七子之歌》。这组诗后来成为经典的爱国诗作，被代代的爱国志士长久传诵。他将被侵略者抢去的七块土地（香港、澳门、台湾、威海卫、广州湾、九龙与旅顺大连）比喻成失去母亲关怀的孩子，十分动人心弦。

"七子"这个典故出自《诗经·凯风》，七个孩子希望能得到母亲的心回意转。这和当时的情形是多么相似啊！这组短诗言简意赅而意蕴无穷，很容易地解开了每一个在中国文化背景下成长起来的人的文化密码。祖国与母亲的比喻尽管历来为人所熟知，但能写出真正流传千古作品的，却寥寥无几。闻一多的诗歌，就胜在情感真挚，感人至深，令无数读者潸然泪下。那些呼喊着"我要回来，母亲！"的孩子既是土地的拟人象征，也是离乡游子的化身。他们漂泊在外，饱受欺凌，故乡的怀抱是他们唯一的眷恋。闻一多能写出这样的诗歌，与他自己的亲身经历也是有关的，后来，《七子之歌》中的澳门、台湾与广州湾等篇还被谱成曲，广为传唱，经久不衰。

这一时期他还写过其他很多爱国诗，如《醒呀！》、《我是中国人》、《爱国的心》、《洗衣曲》、《长城下之哀歌》等，从题目就能看出诗作的思想内涵。《醒呀！》借鉴了戏剧的形式，以汉、满、蒙、回、藏五个民族的口吻发出了催促中国觉醒的吼声，感情激烈。《我是中国人》则毫不掩饰地做出了庄重的宣言：“我的生命是世界的生命，我是中国人！”诗人以自己的身份为荣，不断呼喊着：“伟大的民族，伟大的民族！”“我没有睡着！我没有睡着！我心中的灵火还在燃烧；我的火焰他越烧越燃，我为我的祖国烧的发颤。”诗人坚信祖国一定可以奋起。

《洗衣曲》一诗，因美国华侨最普遍的职业就是洗衣，故而饱受轻视，留学生常被人问道父母是不是洗衣裳的，诗人却认为其中“含着一点神秘的意义”，将其上升到另一个高度来评价。他认为，中国人替犯下罪恶的人洗去贪心、欲火和一切“脏东西”，那些接受服务反而嘲笑洗衣匠的人实在是“好狠的心！”而且职业绝无高低贵贱之分，耶稣的父亲还是木匠出身，那么这些人又有什么资格嘲笑中国人以洗衣服为职业？《长城下之哀歌》则从两方面来审视长城这一中华文化的象征物。一方面，它是“五千年文化底纪念碑”；另一方面，也是“旧中华的墓碑”，是阻隔人们交流的罪魁祸首，“把城内文化的种子关起了”，还给人们虚假的安全感，让他们沉沉睡去，忘了自己的理想，而一觉醒来，“流贼们忽都爬过我们的围屏”，长城并不能守住文化不受入侵，“我们只得投降”。因此诗人喊道：“让我把你也来撞倒。”“这堕落的假中华不是我的家！”他心目中真正的中华则是文化中最可宝贵的精华，不应该自己将自己拘束起来。

这些诗歌是中华民族争取自由独立的迫切呼号，引起了国内一些读者的注意与广泛的好评。一位评论家写道："我更深切地愿我们大家——全中国的爱中国的中国人——都来把这几首诗畅读一回，深深印入记忆之膜里。"

不过闻一多的爱国主义并非狭隘地只爱本国的文化。在美国这样的文化交融与冲突十分迅猛的地方，他接触到了世界各地的文化，并对它们都充满了敬意，但仔细研究后，他就发现中华文化的魅力被当时混乱的局势所掩盖，并未散发出它真正的光彩。作为一个立志为往圣继绝学的知识分子，他不忍看到本国的文化被人践踏，因而才奋起高呼。他想要展现的是世界性的眼光，他所崇敬的是各国的爱国主义者。此时，他翻译了一首拜伦的诗作——《希腊之群岛》。拜伦是英国著名的浪漫主义诗人，他写下过无数雄伟动人的诗篇。不过他最伟大的地方在于积极投身希腊民族解放运动，在希腊遭受土耳其入侵时坚决站在弱小民族一方，帮助希腊人民抵抗侵略。这才是真正的爱国主义者，他的心中不仅装着自己的祖国，也爱着别人的祖国。闻一多很钦佩这种精神，译出此诗作为自勉，还寄给郭沫若，请他发表，认为这是大江会所提出的爱国精神的最好阐释。

早在1925年初，闻一多就写信给梁实秋表达了自己的归国之意。他觉得身处异乡，和被贬谪与流放没什么差别。而在美国待得越久，他就越感到内心不可遏止的祖国召唤自己的声音在鼓荡。而且，他也意识到西洋绘画与艺术实在没有中国艺术更值得研习。他甚至说："我现在着实怀疑我为什么要学西洋画……我整天思维不能解决。哪一天解决了我定马上回家。"在美国的两年半里，他渐渐明晰，自己的使命是在博采众长的基础上继承中国文艺的命脉，在那个人们多主张全盘西化或抱残守缺的年代，能有这样的见地实属不易。在混乱的时局中，只有文化才是可以一代代传承下去的不变真理。认识到这一点后，他便决定启程返乡了。尽管按照清华的规定，他至少可以在美国学习五年，但他急切地回国，以实现自己热忱的理想与在纽约时发下的终身从事戏剧事业的雄心壮志。三年未满，他就踏上了回国的旅途。与三年前来美国时的意志消沉与忐忑不已相比，此时的闻一多，经历了多次历练，已经积累了斗争的经验与意志，他愈发地成熟了，也在前进的路途上踏实地愈走愈远了。

三、辗转任教，辛勤园丁

1925年5月4日，26岁的闻一多，怀揣着对祖国的无限眷恋，与好友余上沅、赵太侔结伴乘火车离开纽约，向西岸的港口驶去。14日，他们坐上了归国的海轮。当时，他们还没有联系好回国后的职业，只是有着一腔热情与理想，"可谓Heroic（有英雄气概）矣"。他们约定只买三等舱的船票，这样每人可以省下100美元，作为到北京以后三个月的生活费。

经过一个月的海上漂泊，船只终于抵达上海的吴淞口，缓缓驶入黄浦江。夏日的江南一片欣欣向荣，两岸触目皆是青翠可喜的颜色。面对着阔别已久的故国景象，闻一多站在船舷边贪婪地欣赏着，赞叹着。突然，他激动地脱下西装上衣，远远地将它掷到海中，就让在国外受到的一切屈辱都随水而逝吧！他终于可以开始新的人生阶段，用所学所知报效祖国了！

上岸以后，他们三人身上的钱都所剩无几。闻一多的行李里倒是塞得满满的，却多是现代英文诗集，比如哈第的《沉

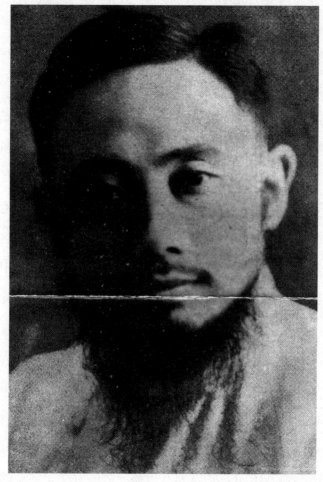

李公朴

郁》和郝斯曼的《简洁》，没什么值钱的东西。于是他就将褂子当了，余上沅也将皮大衣当了出去，他们才用这些钱好好地在饭馆吃了一顿，以为庆贺，真是"五花马，千金裘，呼儿将出换美酒"，颇有一掷千金的豪气。

　　然而，残酷的现实在他们刚刚抵沪不久就给他们泼了冷水。5月30日，上海两千余名学生在租界内散发传单，发表演说，抗议日本纱厂资本家血腥镇压工人罢工，并悼念被打死的工人顾正红，结果英国巡捕逮捕一百余人。下午万余名群众在英租界聚集，要求立即释放被捕学生，且高呼"打倒帝国主义"等口号。英国巡捕竟向手无寸铁的学生和群众开枪射击，当场打死十三人，重伤数十人，逮捕一百五十余人，这就是震惊中外的五卅惨案。事件发生后民意沸腾，当夜中共中央立刻召开会议，决定号召全上海人民举行罢工、罢市、罢课，以扩大斗争规模，争取权益。6月1日，也就是闻一多一行三人到达上海的那天，全市范围的三罢斗争开始了，北京、天津、南京、郑州等各大城市的人们纷纷响应，加入到游行示威中，形成了席卷全国的反对帝国主义的斗争浪潮。这次运动揭开了大革命高潮的序幕，对中华民族的觉醒有深远的意义。闻一多一行人刚刚跨入国门，就看到五卅惨案后的鲜血，内心的震动可想而知。他们当时顿觉灰心丧气，放眼前途一片黯淡，回到旅馆后恹恹地倒在床上，也不想说话。但很快，全国燃起的斗争形势又给他们带来了希望，使他们颇受激励和鼓舞。

在上海逗留时，闻一多受到著名的戏剧家、电影艺术家洪深和欧阳予倩的热情款待，他们都看重闻一多的艺术才华，非常希望他能留下来和他们一起为中国的艺术事业做一番工作，但闻一多婉言拒绝了。他认为北京是人文荟萃的地方，足够做国剧运动的中心，在那里才有大展宏图的天地。在去北京之前，闻一多先回了一趟家乡浠水，阔别三年，在国外魂牵梦萦的一切此刻都触手可及，他感到无比愉悦舒适。尤其是当见到他的小女儿立瑛时，所有不快都烟消云散了。立瑛出生在闻一多刚到美国那一年，因为是女孩，他的父亲闻廷政过了很久才在信纸的一角提到一笔，告诉儿子他长女的名字已经取好，并不放在心上。闻一多对此很不满，他自己非常喜欢女孩子，很是得意，还说"要将我的女儿教育出来给大家做个榜样"，他认为女子同样能做出不逊于男子的功绩来，因此一直挂念着这个未曾谋面的小生命。这次终于见到自己满地跑的第一个女儿，他才切实体会到做父亲的喜悦，常常逗她玩耍，教她说话，教她别弄脏了自己的手，很快就和立瑛亲密无间起来，立瑛常常拍着小手叫他抱抱。家中一片其乐融融的温馨氛围。

　　在平静愉快的家乡生活里，闻一多依然关心着时事。当时，弟弟闻家骃为了抗议五卅惨案，也从上海返回家乡。他本是在震旦大学念预科，成绩很好，此次参与罢课斗争，也体现了和兄长一样的满腔爱国热情。学校通知说要他立刻回校参加考试，否则就取消学籍。家里有人劝家骃回校，因为在震旦入学读书不易，如果被取消学籍，损失很大。但有着丰富斗争经验的闻一多则坚决支持家骝暂不回校的想法，有了哥哥的支持，家骝的决心更坚定了。

在家乡只住了不到半个月，闻一多就匆匆告别亲人，启程去往北京，那里有着他的事业和梦想，他不能因为儿女私情就抛弃自己的理想。杨振声是他在北京首先认识的几个人之一，也是北京大学新潮社的发起人之一，还参与过五四运动，与闻一多趣味相投。他在美国学习教育学，去年回国，此时担任《现代评论》的文艺编辑，因此，闻一多回国后最初的几首爱国诗作，就发表在《现代评论》上。7月15日，大江会的会刊《大江季刊》在闻一多的全力支持下终于创刊发行了。《洗衣曲》等诗作就发表在上面。刚到北京时，为了节省开支，他与余上沅等好友合租了一套小院，开始了他们的戏剧活动。两人积极奔走，四处呼告，想为建立北京艺术剧院出一份力。他们将详细而审慎的计划《北京艺术剧院大纲》送到《晨报》发表，这个设想是建立一个学习兼有演出的新型组织，既是学校，也是剧院，组织形式借鉴西方，很是规范正式。他们对预算的支出与演出可能的收益都算得清清楚楚，一目了然。而且大纲上还注明，"各处布景及器具，均以保存本国美术为主"，这是很难得的。但是当时北洋政府自顾不暇，没有经费提供给他们，要真正将这个设想实施就只能另寻出路。闻一多想到了"新月社"。

新月社本是一批高级知识分子的聚餐会，后来从中成立了社团，主要成员有徐志摩、胡适、张君劢、林长民等人。他们也曾想过自编自演一些戏剧。一年前，为了庆祝泰戈尔的六十四岁生日，他们排演了他的戏剧《契玦腊》，演员有林徽因和徐志摩等。徐志摩妻子张幼仪的弟弟张嘉铸与闻一多相熟，因此搭桥使二人相识。徐志摩长闻一多三岁，曾留学英美，他的新诗和戏剧都广为流传。此时徐志摩刚从欧洲回到北京，就与闻一多相见会谈，对他很热情，在徐志摩的介绍下，闻一多也加入了新月社。

不过，新月社也很难解决建设剧院这样庞大的经费问题。好在徐志摩为闻一多在北京找到一份工作，本来他想让闻一多担任《晨报》副刊的编辑，闻一多还在考虑中时，这年年初因为学潮而停办的北京美术专门学校开始筹备恢复了，主持该事务的人是教育部专门司司长刘百昭。新月社参与此事的同人极力推荐闻一多，再加上徐志摩的热心介绍，他因此被聘为美专筹备委员，自此就投身于紧张的筹备工作之中了。美专的前身是北京美术学院，成立于1918年，是中国第一所国立美术学校，原有中画、西画和图案三科。之后教育部批准其改名为艺术学院。在闻一多与余上沅的多方奔走努力下，学校新开设了剧曲与音乐两科。这在中国现代戏剧事业发展史上是有划时代的意义的。自此，曾被视为卑贱不堪的戏剧，终于和国家正式的教育机关联系到了一起，被纳入了教育体系中。

10月5日，闻一多被正式聘为教务长，还约定为考试委员会委员。在徐悲鸿到校之前，他还兼任了西洋画系主任的职务，肩上的担子分量不轻。在开学之前，他又要设置预算，又要起草纲领，又要主持招生考试，忙得团团转；开课之后，他与热心戏剧事业的赵太侔、余上沅继续着他们建立北京艺术剧院的努力。结果处处碰壁，徒增感慨。而艺专里的戏剧系，又由于经费不足，处处捉襟见肘，实在是难堪极了。在那样一个政局动荡的大背景下，有识之士即使想做出一番事业，也很难实现自己的理想。悲剧的结局已于此时注定。

　　第二年年初，闻一多终于在北京稍稍安顿下来，也有了足够的钱接妻女来此居住。他便在艺专附近租下一座宽敞的四合院老宅，房东是旗人，很是和善。大门的两边刻有很大的楷体对联："忠厚传家久，诗书继世长。"一直分居的全家人终于在此再次团聚了。

　　闻一多自己用三个房间，他还特意自亲自布置了客厅和书房，很有特色。他跑了很多家纸店，专门去买不反光的黑纸，贴满房间的墙面。然后仿着汉代武梁祠的画像石雕刻，将其车马人物图案用金色细细勾勒在壁楣，"像一个裸体的非洲女子手臂上脚踝上套着细金圈"。在高悬的电灯光的照耀之下，显得非常神秘，又富有艺术的情趣。这与《死水》集朴实无华的黑色封面与封底同属一个风格，可见他对黑色的偏爱。屋子里有一个方形的神龛，里面不供神佛，倒是摆了一个西方的女神像。

徐志摩来参观后赞叹道:"这是一多手造的阿房,确是一个别有气象的所在,不比我们单知道买花样纸糊墙,买花席子铺地,买洋式木器填屋子的乡蠢。"

这个房间里,常常坐满了前来聚会的新诗人。他们齐齐聚在那间小黑房子里,喝茶聊天,高高兴兴地朗读自己和别人的诗作,认真总结经验,大家都意识到只有又能读又能看的诗歌才是好诗,因此少有人再追求毫无束缚的自由,而是慢慢开始琢磨形式与格律。

当时军阀混战,各股势力之间的斗争纷繁复杂。段祺瑞原来在冯玉祥与张作霖的拥戴下掌握了执政权,后来张作霖向南发展,遂与孙传芳发生冲突,冯玉祥就联合郭松龄一起倒张,初见成效,于是冯玉祥控制了北京政府。段祺瑞改组国务院,章士钊的教育总长之职被罢免。与章士钊休戚相关的刘百昭也被免去司长一职,被迫提出辞去艺专校长职位的辞呈。

这年1月,教育部拟聘当时尚未回国的林风眠为校长,在他回国之前,则将校长职务交由现任教育司司长兼任。这引起了校内一些教师的不满。闻一多和其他教师认为,政府人员的随时撤换会给正常的教学秩序带来不好的影响,教育应当独立,不受政局变更的影响。艺专召开教职员会议讨论新校长的问题,并推举闻一多和其他三人去教育部质询。他们表示艺专现在的秩序很好,不需要政府部员来学校维护,而且教育部也没有能力维持学校秩序,只能徒增混乱。当时闻一多心中最合适的校长人选是蔡元培，因为他资望很高，对艺术很有兴趣，而且和目前的学校风潮没有关系，但蔡元培由于种种原因最终未能成行。此时有人在报纸上散布谣言说闻一多想自己当校长，这让他哭笑不得。他写信给梁实秋说，当教务长本来就不适合他，他只是勉力做自己应做之事，谁料现在骑虎难下。学校里对于新校长的人选也分为两派，他决定，除非是蔡元培前来任校长，此外不论是谁，他都是一定要引退辞职的，不愿再卷入这样无谓的纷争中去。而对于他要当校长的传言，他只好长叹一声"富贵于我如浮云"，这绝非他的志向。

林风眠于3月初抵达北京，当天闻一多就提交了辞职信函。几天后，在欢迎林风眠的艺专全体教职员茶话会上，闻一多又再次表示坚决辞职，林风眠虽想挽留也无可奈何，只好自己兼任教务处长。

想办北京艺术剧院，没有经费；想在学校里培养出一批艺术人才，也没有成功，闻一多这时感到幻想已经破灭，灰心丧气极了。这不仅是他个人的悲剧，而是一切在那个黑暗的时代想要有所作为又最终无能为力的人共同的遭遇。

1926年3月12日，日本军舰驶入天津大沽口，炮击冯玉祥的国民军，掩护奉军的进攻。国民军奋起还击。16日，英美日法等八国公使向北洋段祺瑞政府发出最后通牒，要求拆除大沽口的防御工事。这激起了中国人民的极大愤慨。3月18日，北京各学校和群众团体在天安门举行了反对八国最后通牒的国民大会。在天安门前参加完国民大会的民众来到国务院门前举行示威活动，军警于此时开枪镇压，刘和珍等学生被残忍杀害，这就是令人发指的"三一八惨案"。

在血腥屠杀面前，北京各团体举行联席会议，一致抗议政府的暴行。他们要求废除《辛丑条约》，驱逐军阀并为在此次惨案中牺牲的烈士雪耻。闻一多在惨案发生后愤恨不已，"三一八惨案"中受难的烈士中也有艺专的学生，让他很是痛心。他写下了悼念青年、激励生者的诗歌《唁词——纪念三月十八日的惨剧》。

诗中以热烈的歌颂笔调与和深沉的哀恸情绪劝着烈士的父母、兄弟姐妹不要号啕愤激，而要"等着看这红热的血开成绚烂的花"，诗人预言道："这哀痛的波动却没有完，/他要在四万万颗心上永远翻腾"，"哀恸要永远咬住四万万颗心，/那么这哀痛便是忏悔，便是惕警"，"哀痛是我们的启示，我们的光明！"闻一多知道这些青年的热血不会白白流走，而是会成为警戒，永远告诫还活着的人们不要放弃抗争。这是在绝望的黑暗中不屈的希望，更是闻一多不曾断绝的自勉自警。

此后，他还写下《天安门》一诗，借用一位人力车夫的口吻控诉"三一八惨案"，有意使用了符合人物身份的方言土语，在当时的诗歌创作中很少见，而且还化用了外国诗的用韵方法，音节完善，写法与过去大不相同。接着他还写下《文艺与爱国——纪念三月十八日》的长文，刊登在《晨报·诗镌》的创刊号。可见这件事情对他的影响至深。在文章中他强调文艺与爱国是密不可分的。他赞扬"诸志士们三月十八日的死难不仅是爱国，而且是伟大的诗"。他还说："我希望爱自由，爱正义，爱理想的热血要流在天安门，流在铁狮子胡同，但是也要流在笔尖上，流在纸上。"这可以看作是他在文艺战线上的斗争宣言。闻一多以文艺与学术作为爱国的阵地，以最熟悉的文化事业为出发点，将自己奉献给了真正的爱国时代潮流。

有一次，在闻一多家中那个别致的黑色书房里，几位年轻诗人，包括朱湘、饶孟侃、刘梦苇、蹇先艾等等，又来参加他家里常常举办的小型诗歌聚会，热烈地传阅、朗诵他们的新作，探索着新诗的形式与格律。朱湘小闻一多5岁，是清华1924级的学生，两人的书信交往在闻一多赴美后才展开，那时朱湘才刚刚加入清华文学社。虽然那时还未谋面，两人已经志趣相投，常常谈论诗歌。朱湘很有诗人的天赋，用功也很勤，因此屡有佳作。但他不重视课业，经常不去上课，最终在毕业前半年被清华开除，他就以在中学任教和代课为生。其余的诗人们也多是清华校友，因此感情很容易熟络起来。这些人之中，闻一多交往比较多的就是"四子"，即朱湘（子沅）、饶孟侃（子离）、杨世恩（子惠）与孙大雨（子潜），他们的志向比较接近，往往能想到一起去。这一次他们正积极地讨论，刘梦苇忽然想到，早在1922年，朱自清与叶绍钧等人办了《诗刊》杂志，那是近代中国第一个专门的诗歌刊物，轰动一时，可惜由于种种原因这个杂志第二年就夭折了。他们感到很惋惜，于是一致决定承续起《诗刊》的使命，继续将诗歌刊物办起来。可是有两个最大问题摆在面前，一个是，同人中多为青年学生，手头拮据，即使闻一多算是其中比较"富裕"的人，也因为教育部常常克扣拖欠教师工资而生活得比较艰难，更何况他还有一整个大家庭要去支撑。因此，办刊物的经费没有着落。另一个更大的问题是，北洋军阀段祺瑞政府，一直视新文学运动为洪水猛兽，而办刊物要向政府呈报备案，他们的新诗杂志，肯定不会得到审查通过。正在大家愁眉不展时，有人提议道，不如就借用一家报纸的副刊作为版面，这样可以省去很多麻烦，一举两得。当时最出名的国内副刊要数《晨报》《京报》与《时事新报》三家的副刊，《时事新报》的风格与文学相距甚远，不用考虑；《京报》的周刊已经出了很多，想再插进去，也不太可能。而《晨报》副刊的主编是徐志摩，与闻一多和这些诗人相熟，而且对诗歌活动也很热心，因此他们就去与徐志摩联系，结果他没有做任何考虑，直接爽快地答应了，这让年轻的诗人们十分高兴。3月27日，徐志摩来到闻一多家拜访，商量《诗镌》创刊的具体事宜，决定由大家轮流负责编辑，第一、二期先由徐志摩主编，三、四期则由闻一多主编。徐志摩为《诗镌》写了发刊词《诗刊弁言》，闻一多则在创刊号上发表了一首诗歌与一篇长文。

1926年4月1日，《晨报·诗镌》创刊，它不仅在试验新诗的格律上很有成就，开辟了新诗发展的"第二纪元"，是我国新文学史上重要的诗歌刊物；而且还是与爱国运动、爱国精神密不可分的诗刊。在创刊号中，闻一多就明确地提出要提倡不怕死的奉献精神与甘愿牺牲的爱国精神。当时，新诗已经走到了一个关键的转折点上，是继续通俗化，还是恢复一定的传统？人们还在犹豫不决。一批受西方文学影响的诗人立志于开辟一条新的道路，那就是讲究修辞，推敲字句，尤其是对用韵要求很严格。他们要写不同于旧诗，同时也要不同于外国诗的诗歌。闻一多当时乐观地说："中国诗似乎已经上了正轨。"因此，他们要对新诗提出更高的要求，以便其更好更快地发展。后来，与闻一多持相同主张的人被称为"格律派"，与稍早的自由派和之后的象征派并称为早期新诗发展中起到重要影响的三大派别。

《诗镌》的刊头很是惹人注目，它是闻一多亲自设计并绘制的。一匹胁生双翼的天马，正展开双翅，高昂着头准备腾空而跃。它的前蹄高高地抬起，后蹄则踏在一轮初升的圆月上，象征着奋起的精神和不屈的努力。在圆圈内，题着"诗镌"两个字。整体看上去既和谐美观又干净大方。

《诗镌》每周出一期，虽然总共只出了十一期，前后不过70余天，但是做出的贡献和产生的影响却不可小觑。新诗格律化的努力，在当时就受到世人的关注与重视。朱自清说："（《诗镌》）虽然只出了十一号，留下的影响却很大——那时大家都做格律诗，有些从前极不顾形式的，也上起规矩来了。"

徐志摩就是其中之一。徐志摩诗名很盛，甚至有些人认为超过闻一多，但在创办《诗镌》之前，他承认自己只顾抒发自己的情感，而忽视了技巧的琢磨，因此写得其实并不算什么优质的作品。他自称自己的诗歌原本是"最不受羁勒的一匹野马"，但在闻一多严谨的作品面前，他才意识到自己的疏于狂放之处，并决心要收束一些，以加强对诗歌艺术上的锤炼。

闻一多自己对《诗镌》也是看得很重的，尽管北京写诗的人很多，他有信心对友人说"（《诗刊》）实独异于凡子"，甚至还预言它的重要程度"当与《新青年》《新潮》并视"。这里面虽然有对自己所办杂志的偏爱，但实际情形也大体不差。闻一多在杂志社诸人中可谓是最努力最用心的。在各个方面都有成就，他此时最著名的作品，有诗歌创作方面的《死水》，也有理论建设方面的文章《诗的格律》。

《死水》发表于《诗镌》第三号，排在这一期的首位。它作为闻一多的代表作品，在格律化的实验方面已经臻于完善。全诗九字一行，四行一段，一共五段，首尾呼应，格式极为整齐。由于这首诗实在是太规整，也有人批评它是"豆腐干式"的"方块诗"，甚至嘲笑这首诗像排列在一起的麻将牌。这些其实都是误解，闻一多在这一时期发表的诗作没有一首在格律上是一模一样的，形式都根据内容而变化，是量体裁衣，并非用一个僵死的格式去套所有的诗作。该作不光是形式上看上去如稳固的积木一样处理得十分稳妥，而且在用韵方面，每一段就换一次韵，收尾处都是双音节词，节奏都是两字或三字一停顿，十分规矩和谐。闻一多曾将其朗诵给社内同人，的确是抑扬顿挫，悦耳动听，富有音乐气息，大家都很喜欢。

《死水》中描述了一沟扔满杂物，堆积着污秽的死水，但诗人故意没有直接用憎恶的笔调描写，反而以唯美的形容词和色彩赋予它"恶之花"式的美感，例如用"翡翠""桃花""罗绮""云霞"等等描绘废铜烂铁、油腻与霉菌，甚至这死水还能"夸得上几分鲜明"。直到最后一段，诗人才揭下欲抑先扬的帷幕，斥责道："这里断不是美的所在。"就现实层面而言，有考证表明，闻一多当时居住的地方附近确实有一条臭水沟，时常积有死水，这或许就是诗中"死水"的原型。但诗中的实际意蕴远非如此简单。徐志摩曾用死水比喻中国的知识分子阶级，它自己沾沾自喜，却眼看着没有多少前途了，活力的源头断绝了，产生了种种病态，而这些病态的现象又反过来侵蚀活力，实在是不能不让人警醒。而当时动荡的政局、混战的军阀与人民的苦难交织在一起，国内的环境岂不是最大的一摊"死水"吗？闻一多正是以看似诙谐幽默的笔触，写出死水的种种丑态，从而告诉生活在其中的人们，快快醒来，不要继续沉浸其中却不自知，反而去赞美那恶劣的环境。据闻一多自己讲，他觉得自己像一座没有喷发的火山，火就在他的胸中燃烧，燃烧得他发热发烫，同时也感到疼痛，但他没有能力将禁锢在身上的枷锁——地壳炸开，从而放出光和热，而在《死水》中，有心的读者才能感觉到他的火。

《诗的格律》则发表在之后的《诗镌》第七号，这是他酝酿已久的讨论新诗应当遵循何种理论的文章，也是对前一段时间新诗实践的总结。闻一多把这篇文章当做自己《死水》诗集的先声，以此为自己的艺术理论建设鸣锣开道。他在文章中以下棋比喻作诗，下棋只是游戏的一种，但也有自己的规矩，不能将棋子乱摆一气，这样得不到乐趣不说，也没有丝毫的意义。作诗也是如此，倘若视规则为无物，结果只能是做出些不伦不类的次品，至少不能称作"诗"。因此，格律的要求实在不可轻易抛到一边去。闻一多所说的"格律"，不单单指音节节奏，还指更广泛的形式，就是整首诗的形式，包括了很多方面。早在《红烛》集的创作中，他就意识到格律的重要性，并以"戴着镣铐的舞蹈"做比喻，此处他进一步阐发这个观点，认为对于真正的作家与诗人来说，格律不仅不是表现的障碍物，还是表现的利器。当时另有一派打着浪漫主义旗号的人，他们的主旨是"风流自赏"，根本就不注意文艺自身，而只想着怎么表现所谓的"自我"。他辛辣地讽刺到，"他们最称心的工作是……让世界知道'我'也是一个多才多艺，善病工愁的少年；并且在文艺的镜子里照见自己那倜傥的风姿，还带着几滴多情的眼泪。"这番批评，实在是入木三分，深刻地揭示了那些人实际上根本没有创造文艺的诚意，只想借着文字的便利来营造一个美丽自我的假象，其实是"伪浪漫派"。因此他们反对格律，是不值得辩驳的。

但是，提倡格律，当然也不是复古，并非号召大家都回去写七律五律的古诗。闻一多提出了新诗格律的标准，既要有视觉上的，也要有听觉上的，总结起来就是后来驰名诗坛的三大特点：音乐的美（音节），绘画的美（辞藻）与建筑的美（节的匀称与句的整齐）并存而且有机融合在一起。这"三美"的标准，从多方面多角度完善了诗歌理论，促使诗人们从孤芳自赏或一味追求大众化的误区中脱离出来，去追求真正的和谐统一，很有实际的指导意义与价值，因此一直到现在也还是人们评价新诗的重要依据，是闻一多对新诗理论做出的重要贡献。

　　除了自己对新诗不断探索，闻一多还很注意鼓励年轻诗人的创造热情和积极性。每到《诗镌》同人们开会决定稿件时，他总是诚恳地为作者提出建议。有时他看到佳作，就毫不掩饰地高呼："这是一首好诗！"有时看到不满意的地方，他就与作者商量："你这一首暂不发表，拿回去推敲一番再说，好不好？"或者指出某一句某个字似乎还有修改的余地，问作者是否愿意再去努力一下。一些人因为作品没有被选用而感到沮丧，他就鼓励道："写失败了就重来，有什么了不起！"大家因此都很敬重闻一多先生，觉得他是有极高理想而能使人信服的真君子。

　　同年，张嘉铸提议办起另一个属于《晨报》的副刊——《晨报·剧刊》，闻一多与余上沅参与组稿。这个杂志本来是为了建立小剧院做准备，先行宣传，对各地的戏剧加以介绍与批评，同时与志同道合者研究讨论相关事宜。可惜的是，尽管杂志勉力维持了下去，他们振兴中国戏剧的愿望，却是被现实击得粉碎，已经证明是失败了的。余上沅悲观地说："社会，像喜马拉雅山一样屹立不动的社会，它何曾给我们半点同情？……社会既不要戏剧，你如何去强勉它？……我们应该承认从前走的路不是最好的一条路。"闻一多也意识到了这一点，因此对戏剧的热望渐渐冷却下来，转而投向学术研究。

此时，北京的局势又发生了巨大的变化，1924年10月，冯玉祥在北京发动政变，推翻了曹锟政府，随后吴佩孚与张作霖的直奉联军进逼北京，国民军被迫撤出。而奉系军阀掌权后，对学校和报社进行了疯狂的清洗，很多地方被迫关闭，北京的文化人基本失去言论自由，为了避难纷纷南下到上海。而闻一多此时也迫于北京八校欠薪的压力与艺专迭起的风潮，带着家眷返回了浠水乡下。这次返乡的心情也并不愉悦。7月上旬，国民革命军开始北伐，浠水乡间人心浮动，担心战火会波及这里。而且，农村文化的落后也很令他心痛。闻一多写过一首《夜歌》，就是写坟地里的鬼影的，正与他此时阴暗的心境相合。

为了谋求一份职业养家糊口，闻一多很快就离开家乡前往上海。刚从美国哥伦比亚大学获得硕士学位，此时正担任吴淞国立政治大学教授的好友潘光旦热情地接待了他，让他暂住在自己家中，二人阔别已久，相见甚欢。

吴淞国立政治大学是由国立自治学院在1925年改办而成

的，校长张君劢是他的好友张嘉铸的哥哥，也是国家主义的忠实信徒和有力鼓吹者。在这所学校任职的吴国桢等人都是他在清华的同学，因为这个原因，他也被聘为教授兼训导长。他自己并不是很喜欢这份工作，不过为时局所迫，能够有一份工作已经很难得了，他也就走马上任了。

在离开北京时，长女闻立瑛就生病发烧了，路上颠沛，缺医少药，也没有可以治疗的地方，病情因此加重。闻一多刚刚在上海找到一份工作，就接到女儿病重的消息，但是他方才上任，不便请假，而且路途遥远，往返不便，他就只好寄了一张照片回去，权当思念。四岁的小立瑛看到照片又哭起来，不久后竟夭折了。他的妻子也因此大病一场。闻一多的父母怕他分心，就一直没有告诉他。立瑛是闻一多很疼爱的孩子，聪明可爱，已经能念识字课本了，只是身体一直不太好。谁曾想一别竟是永别。直到高孝贞写信告诉闻一多这个消息，他才匆匆赶回，那时已经临近过年，他十分悲痛，回家时先没进门，而是先去了立瑛的墓地。后来又将她用过的课本小心地包起来，写上"这是立瑛的"。他为自己夭折的小女写下了许多首诗，其中一首《忘掉她》中写道："忘掉她，像一朵忘掉的花"，情真意切，真挚动人，倾注了对女儿的无限怀念。

1927年元旦，北伐军势如破竹地推进到长江一线。国民政府宣布定都武汉，并收复了汉口、九江的英国租界，这史无前例的举动，让闻一多看到了国共合作的美好未来。当时在上海的政治

闻一多在美国芝加哥美术学院门前的留影

大学人心惶惶，闻一多也不打算回去，而是打算去筹备武汉的中山大学，不过还未成行，就被邓演达邀请去加入国民革命军北伐军总政治部担任艺术股股长，而且兼任总政治部的英文秘书。他还亲自绘制了一大幅反军阀的壁画，不过后来，诗人天性使他觉得军营生活未免有些受拘束，于是一月后就请辞了。不过闻一多仍然给国民革命军的同人们留下了深刻的印象，闻一多的才华，也第一次为了革命事业而展露。

之后，闻一多回到上海，因为北伐军队下令封闭了由国家主义派控制的国立政治大学，他就又住到了潘光旦家中，赋闲的闻一多此时有大把时间专心从事文学创作。当时，国民政府内部的矛盾已经显露，国民政府分裂为武汉与南京两地，而国民党与共产党之间的摩擦冲突也逐渐升级，常常发生血案。闻一多面对悲惨的现实有一腔不满要宣泄，接连写下《心跳》《发现》《贡献》《罪过》《收回》《口供》《什么梦》《你莫怨我》《你指着太阳起誓》等等一系列诗歌。朱自清感慨道："抗战以前，他（闻一多）差不多是唯一有意大声歌咏爱国的诗人。"这些诗代表了他的爱国诗创作进入到一个新阶段，与以往抒发思念祖国，反对帝国主义侵略与民族压迫的作品不同，此时他更侧重于抒发自己对现实的怨恨，以及苦闷中的彷徨与不懈追求。闻一多本来是极为爱国的，但他爱的是一个理想的完美的中国，一旦遭遇现实，这个幻想就会被扯得粉碎，这怎么能不让他心碎呢？而且他也没有办法不扪心自问："怎样爱它呢？"

在《心跳》一诗中，诗人满怀愤激地喊道："谁稀罕你这墙内尺方的和平；／我的世界还有更辽阔的边境。／这四墙既隔不断战争的喧嚣，／你有什么办法禁止我的心跳？"他知道，在沉沉黑夜中，有寡妇与孤儿颤抖的身影，有士兵在战壕中受伤的哀嚎，有病人在病榻上的垂死挣扎，种种惨剧迫使他不能接受幸福的"私贿"，不能自满于自己在学校这片小天地中的安逸。因为他内心装着的是全中国百姓的疾苦。当时，乡村荒颓，民不聊生，触目所见都是这样悲哀的景象，诗人怎么能忍受这样的情形而独自贪欢呢？

在沉重的忧虑中，他的身体也虚弱下来。一天他发现自己咳的痰中带有血丝，好友关切地前来看望，纷纷劝说他去休养一下身体，潘光旦说到激动处甚至声泪俱下。闻一多见盛情难却，就与潘光旦一起来到了杭州疗养。住在西湖边上，开窗即可见到秀丽的景色，适宜的气候和无所挂虑的心态使他的精神恢复了一些，饮食也慢慢正常起来，咳血的症状缓解了不少。在风清日朗的日子里，他去湖边散步，想买一把扇子，不过见到的尽是大腹便便的商人，吵闹不休，他很是反感，说道："此俗人也，不可与同群。"后来终于找到一家小店，店主是一位妙龄女郎，他莞尔而笑，说道："得其所哉！得其所哉！"即使价格不菲，也买了一把扇子。后来，他又买了一杖一石，认为它们雅致可以入诗，于是直到日暮时分才回返，玩得不亦乐乎。

当时，闻一多与潘光旦在杭州讨论蒋介石发起的"四一二政变"。潘光旦认为，生物学优胜劣汰，适者生存的道理已经是常识了，可是社会学方面似乎却不是这样，优生学里本来认为勇敢强健者可以获得延续的机会，可像在这次大屠杀中，优秀的先进的仁人志士反而大批遇害，这难道不是"反淘汰"吗？闻一多非常不赞同这种观点，他紧锁着眉头反问道，难道所有人都胆小怕事，就能"适者生存"了吗？这个优生学的圈套，实际是宽容了世故的庸人与胆小鬼。可见闻一多自己是多么坚决地要求革命与反抗。

身体休养得差不多时，两人返回上海，闻一多闲居无事，就操刀为友人治印。他给梁实秋刻了"谈言微中"，针对的是他在报刊上发表的一系列文章，大概有半是解嘲半是夸奖的意思在里面。又给潘光旦刻了一枚藏书印，上书"抱残守缺斋藏"，颇为诙谐。此外他还给余上沅等人治印。他有一个风趣的比喻，将绘画比作自己的原配夫人，从海外归来后，发妻就离世了，而诗歌就升为了正室夫人。此时他又找到了"一个妙龄的姬人——篆刻"，于是连诗夫人也被遗弃了。看似幽默，其实包含着无限的辛酸。在给友人的一方印上，旁边刻有几行小字："转瞬而立之年，画则一败涂地，诗亦不成家数，静言思之，此生休矣！"他此时的心情，实际是很消沉沮丧的。

为避难来到上海的文化人越来越多，他们决定筹办一个新月书店，闻一多对此并不热心，但因为他与这些人相熟，还是被拉了进来。这个书店的筹办者都是有西方高等教育背景的民主主义者，他们的作品常常触犯当局的忌讳，出版不易。因此书店的成立其实是为他们提供了出版的便利，它最早出的一批书，多是朋友同仁著译的。闻一多的《死水》就是由它出版的。这年7月1日，书店在上海开张，董事长是刚刚从美国回来的胡适，闻一多与徐志摩、梁实秋、张嘉铸等人被任为董事，他也认领了书店一百元的股本。在开张之前，他专门为开幕纪念册绘制了封面，画着一个女子跨坐在一轮新月上，正捧着书读，虽然只有寥寥几笔，却诗趣横生。

闻一多为这个书店出版的作品设计过一些封面装帧，都很有深意。徐志摩的散文集《巴黎的鳞爪》封面上，凌乱地画着口目耳鼻，以及手脚，背景则是一片漆黑，象征黑夜，以此表示巴黎的都市夜生活。潘光旦研究女性心理的《冯小青——一件影恋之研究》的插图《对镜》则颇有中国古典诗词的意境：冯小青背对画面而坐，前面摆着一面铜镜，镜中映出一张憔悴而惶恐的面容，上角有一只笼中鸟，暗示着冯小青的处境。梁实秋在哈佛大学所写九篇论文的合集《浪漫的与古典的》封面上排列着阴文与阳文的"浪漫"和"古典"二字的印章，一粗犷，一柔细，对比很强烈鲜明。

但是，这不意味着闻一多就完全认同新月派。他虽然与新月派的一些作家过从甚密，但在主张上还是有差别的。他自己对一些惺惺作态的新月派成员印象也并不好。据梁实秋说，闻一多是"比较的富于'拉丁区'趣味的文人，而新月社的绅士趣味重些"。所谓的"绅士趣味"，实际就是小资产阶级的趣味。闻一多对此是抱有一定怀疑态度的。在当时纷繁复杂的政治斗争中，闻一多既失望于鼓吹国家主义者的政治喧嚣，也不满于新月派诸人的"纯艺术"理论，但又不理解共产主义运动及左翼文艺，因此在左翼作者批判新月派时，表示了不认同。但鲁迅批判"新月派"时，其实并没有涉及到闻一多。他在彷徨之中无所适从，一时产生了迷惘的情绪，因而写下了《答辩》一诗，表示只愿以"纷忙"而充实自己，完善自己，安贫乐道，不愿在世俗的成功和利益面前低头。这首诗正是他复杂心境的一种表现。不过他并非真的要"退隐"，彻底不问世事。只是在这四处飘零，无枝可栖的一年里，他一时找不到正确的方向了。国民革命刚刚见到曙光，就开始内部斗争，更有蜕变成新军阀的倾向，这些都让闻一多感到难以轻信，甚至一度产生了政治污浊而文学清高的认识，不过这不是他一个人的失误。在这一时期，有很多知识分子都被蒙蔽了双眼，不能很好地认清形势，不过，最终，他们还是能够分辨是非曲直，投身于伟大的中国革命浪潮中去。

新月派最活跃的时候，闻一多并不在上海，而是在南京任教，对书店事务并不很关心，而且在后来创办的《新月》月刊上也不很活跃，发表的多是译诗或者研究古典文学的论文。他本来是想继续讨论新诗的创作问题，将新月办成文艺性质的杂志，但这个刊物后来性质渐渐转变了，与他的愿望渐渐背离。因此闻一多也就在这个刊物上沉默下去，不愿争论。1929年，他辞去了名义上的编辑职务，以后有人再为《新月》向他索稿，他也一概不回应了。有些新月派的诗人，只关注眼前的风花雪月，着意吟咏，不管人民所受的现实苦难而躲在象牙塔里，闻一多不是这样的人，他"比新月派的诗人伟大"，因为他"更爱国，更爱人民，更了解人民"。熊佛西曾说，"与其说你是新月派的诗人，毋宁说你是爱国派的诗人"，这样的评价对闻一多才是公允的。

1927年夏天，闻一多离开上海来到南京，经友人介绍，短暂地去土地局任职一段时间。因为局长桂崇基与他在纽约华侨联合会举办的孙中山先生追悼会上相识，此次上任后就延聘他来一道参与。不过闻一多本无意于经济活动，只是因为朋友盛情难却才勉强前来，不久后就因为不能忍受政府里互相倾轧的黑暗而辞职。他无处可去，只好去拜访东南大学的文学院院长宗白华，表示了想在那里执教的愿望，而宗白华也爽快地答应聘请他为外国文学系教授兼主任。正值国民政府规划全国高等教育力量，将南京各校合组为南京第四中山大学，这是当局设立的最高学府，为了严格甄选教师的资历，学校下属的十所学院均规定只聘副教授，只有在世界学术界获得相当声望的人才能被聘为正教授。闻一多是第一批被聘为副教授的人，在外文系教授英文。这个学校的外文系分设了拉丁语和英法德意等多国语言门类，设想是要对西方文化做整体的研究，打破以往只重视英国和美国文学的旧习惯。而且还加入梵藏蒙日几门语言，将东亚各民族也纳入考察的视野中，研究其与中国历史文化的关系，可谓是融会了中西文化，各系的人才都能人尽其用，堪称一时之盛。

9月开学后，闻一多被聘为外国文学系的主任，教授英美诗歌、戏剧与散文。为体现教授治校的精神，该校举行了教授会议，选举教授代表以参加本校最高立法机关校务会议，闻一多毫无异议地当选了。之后，又担任了文哲学院的本科生指导员。此时他才过上了有规律的生活，有了稳定的居所，并打算将家人也接过来同住。

这一年里，他的第二部诗集《死水》由新月书店出版了，一共收录了28首诗作。有诗评家惊异地赞叹道："（闻一多在）这五年的短时期技艺显着了惊人的进步"，并说《死水》已经"到了炉火纯青之候"。苏雪林用苏轼评价陶渊明与柳宗元的"外枯而中膏，似澹而实美"的话语来评价这部作品，并且认为《死水》是"一部标准的诗歌"，达到了"艺术不易企及的最高的境界"。这并非言过其实的溢美之词，事实上，《死水》将思想与形式完美地结合到了一起，比前一部作品《红烛》更加自然，更加亲切，更为贴近现实，也更富有鲜明强烈的爱国情感，因此对当时的诗坛产生了很大的影响，诗人对现实不满抗议的态度使得新的内容得以被加入到诗歌中，而且新诗形式的建立在他手中也臻于成熟了。从这些方面考量，闻一多的《死水》实在是当得起高度的赞美的。

《死水》的装帧也是闻一多亲自设计的，与他书房墙上一样的无光黑纸做封面和封底，长方形的金框里端庄地摆放着"死水"两个大字，下方是作者的名字。整体看上去既沉静浓郁，又典雅高贵。里面的衬页则画出在漫天箭雨中前进的骑士们，他们排成列，在铠甲盾牌的掩护下手持长矛向敌人冲去，形成了强烈的动感，与封皮形成了动静的对比，正如闻一多此时看上去古井无波的外表与内心波涛汹涌的爱国激情的反差。

在中山大学任教时，他发现了陈梦家、方玮德、费鉴照等几位有前途的年轻诗人。他们都在闻一多的指导下进一步写作、锻炼新诗。这些学生中尤以陈梦家为突出。陈梦家听过闻一多的一次课后就兴冲冲地登门拜访求教，见到的是一位穿深色长袍、戴玳瑁边眼镜，刚过而立之年的和蔼先生，那就是闻一多。后来，在闻一多的指点与推荐下，陈梦家很快发表了几个剧本，并成为著名的新诗诗人。

然而，闻一多刚刚在中山大学安顿下来，湖北省教育厅厅长刘树杞就亲自来求才。他正在筹备建立武汉大学，苦于没有相应的人才来任教，难以让学校迅速发展起来。他听说了闻一多的才华与归国后参与筹办学校的种种努力尝试，觉得这个人选非常合适。于是他亲自登门拜访，恳请闻一多就任文学院院长，并拜托他约请同为留美回国的学生一起来校。闻一多开始很犹豫，不愿放弃这里稳定的生活，但禁不住刘树杞的真诚劝说与能够回到家乡的诱惑，最终在8月来到武昌。国立武汉大学此时刚刚成立，是由武昌中山大学与武昌商科、医科、私立大学合并而成的。当时学校共分为社会科学、文学与理工三个学院，文学院下设中文、外文、哲学三个系，闻一多担任文学院院长并兼任中文系主任，很快就投入了繁忙的校务工作中去，为了新生的入校考试、增设本科、举行编级实验、编制预算等事情忙得不可开交，连次子闻立雕出生也没有能回南京看一眼。10月底正式开学后，闻一多开了两门课，一为"现代英美诗"，针对外国文学系的学生，另一门为"西洋美术史"，是文学院的共同选修课，这两门课程都是他之前讲过的，所以轻车熟路，讲授起来也比较顺利。但他不会仅仅满足于这样的因循守旧，而是打算正式开始研究中国古典文学。

中国古典文学典籍汗牛充栋，闻一多并非科班出身，而且还是以写新诗闻名，难免会让人怀疑他是否有能力在这方面做出成就。而事实上，但凡他立志要做的事情，很少做不出的。他本来幼时就打下了很好的国学根底，又接受了外国的诗歌与艺术教育，考虑的角度自然与过去的那些传统研究者不同，而是能独出心裁、别具一格。不过，他也很重视补上研究中国古典文学的基础，比如音韵、文字、训诂等小学内容。他在这些方面都下了苦功，誓要做出一些成绩。但闻一多做研究，不像有些学者那样汲汲于冷僻无人知晓的孤本秘籍，而是从最常见，但也是被误解最多的经典出发。为了有条不紊地加深古典文化素养，他首先从若干个熟悉的诗人入手。这项工作其实早在他在美国留学时就开始了，只是那时还停留在个人感想的层面，算不上真正的学术著作。他挑的第一个研究对象，就是伟大的爱国主义诗人杜甫。杜甫一生颠沛流离，晚年更是贫病交加，居无定所。但就是在这样艰苦的境地里，他始终忧国忧民，忠君爱国，仁民爱物。这样的情怀是极为难得的。杜甫的深沉而浓烈的热情，是很能引起闻一多的共鸣的。而且杜甫追求的诗歌理想，也与他相似，两人都在格律与形式的方面用功极深，最后作品看上去仿佛毫不用力，了无痕迹。他本来想着手写杜甫传记，原定要十万字左右，但因为意识到材料不足，他暂停了这项任务，开始做杜甫的年谱会笺，这是为做下一步研究打下坚实基础。《少陵先生年谱会笺》正是他在这一领域的首个成果，他在其中也融注了自己的情感在内，比一般讲考据的人更有深度。

之后他又对《诗经》与《楚辞》产生了浓厚的兴趣，因为这两大著作是中国文学的源头，有如双峰并峙，了解了它们才能更好地了解中国文化。而且这两部书往往被历史上的研究者附会上了政治或道德的种种臆测，因此真实面目还有待人来发掘。正好不久后《楚辞》领域的专家游国恩也来到武汉大学工作，两人相互讨论，互相启迪，十分愉快。闻一多就在自己的刻苦钻研与良友的帮助下飞速地成长，很快就在古典文学领域做出了独到的贡献。

几个月后，武汉大学决定将校址迁往罗家山，这片区域面积广阔风景优美，足以供学校今后发展之用。闻一多觉得此地山名太过直露，有些俗气，就灵机一动，将这个不登大雅之堂的名字改为"珞珈山"，富有文化意味，也很有诗意。大家听后都一致赞成，因此，这个名字就一直沿用至今。武汉大学的校徽也是他亲自设计的，呈椭圆形，里面竖排着两个篆体字"武大"，很有雅趣。武汉大学的家具上都盖着这个火印。珞珈山前的石坊上面所题的"国立武汉大学"，据说也是出自他的手笔。

　　为了让武汉大学教授队伍的组成更合理一些，闻一多大力引进从欧美留学归来的留学生，他们的知识与眼界可以为沉闷的校园打开一扇新窗。其中，曾与他就《晨报·诗镌》稿件的排序发生过矛盾的朱湘此刻在美国受到强烈种族歧视的刺激，决心回国，但又担心回国后无法找到工作养家糊口，闻一多得知后表示可以聘任他做教授，完全不计较朱湘之前的冒犯。他考虑的是朱湘此人的才学，个人的恩怨与公家的利益，闻一多向来分得很清。但朱湘一回国就被家乡的安徽大学聘走了，最终没有能够成行。

　　不过，有些人，闻一多还是会拒之门外。吴国桢是他在清华同级同窗，投身政界，晋升速度很快，当时已经成为了武汉市长，不过他又附庸风雅，想要在武汉大学兼任教授。他在普林斯顿大学拿到过政治学博士，理论上也有任教的资格，但此人在清华学生"同情罢考"时，一方面做出极力反对校方，坚决不参加考试的样子，另一方面却是第一个走进考场的人，闻一多据此断定他人品不佳，断然拒绝了他的请求。吴国桢倒也没有生气，反而对闻一多增添了很多敬意，后来闻一多的追悼会，就是由时任上海市长的吴国桢发起的。

武汉大学文学院教授内部分为两派，一派推崇旧式的桐城古文，一派以校长王世杰为首，称作"现代评论"，他们都视闻一多为眼中钉，虎视眈眈，借机生事，想要争夺文学院长之职。闻一多因此成为派系斗争的牺牲品。王世杰聘来一位叫刘华瑞的教授，写了一篇关于太极拳的文章，多为荒诞不经的言论，却想发表在校刊的《文哲杂志》上，对待学术极为严肃的闻一多当然不能允许，结果引起刘华瑞的不满，于是怂恿他的武术弟子散播言论张贴标语，针对他进行人身攻击。闻一多极为愤怒，立刻写信辞职。王世杰装模作样地出面挽留，实际上表情冷漠，巴不得他离开。闻一多对这些表面文章看得很透彻，因此去志更坚。他在布告栏贴出一张辞职信，表示自己根本不在意院长的职务，正如鹓雏不会在意一只腐鼠一样。于是1930年暑假前，闻一多怀着抑郁的心情离开了曾经想要大有作为的武汉大学。

在上海谋职时，闻一多幸运地遇到了清华大学的文学院长杨振声，当时杨振声被国民政府委派负责筹建青岛大学，即将出任校长。杨振声一看到他，立刻请他去青岛大学中文系任教，同时还请梁实秋去主持外文系。闻梁二人本来对青岛的环境心存疑虑，于是趁着梁实秋回北平探亲的机会，两人一起乘船去青岛游览。

到了青岛，两人立刻喜欢上了这个干净整洁，民风淳朴的地方。他们雇了两辆马车观光全市，连马车夫都彬彬有礼，素质之高令人赞叹。而且该地冬暖夏凉，风光旖旎，兼有天时地利人和，两人当即决定答应杨振声的请求，来此执教。本来，闻一多此时已经获得了清华大学的聘书，但当时北京局势不稳，校长罗家伦刚刚辞职，闻一多觉得那里不适合做学术研究，而且梁实秋已经决定在青岛大学任教了，于是为了和好友在一起，闻一多也留了下来。这年深秋，闻一多携家眷一起住进了学校东北角的一栋红色小洋楼里，背山面海，风景极佳，在这里继续他的学者生涯。

1930年，闻一多成为中华教育文化基金委员会编译委员会委员，与赵元任、傅斯年、陈寅恪、梁实秋等人一起负责编译在世界文化史上起到过重要作用的名著，胡适是这一项目的负责人，他专门成立了一个翻译莎士比亚全集的委员会，邀请闻一多当主任。他们曾就具体安排和分工细细研究讨论过，闻一多自己计划从《哈姆雷特》入手，五年内完成翻译，不过由于后来时局动荡，他没有能完成，梁实秋则从此之后一直坚持进行翻译工作，终于在多年后译完。

原来在武汉大学因风潮所阻没有写完的《少陵先生年谱会笺》，此时有了安定的环境和充分的条件完成，此外，他还相信人是社会中的人，因此很注重考察杜甫的社会交往，准备继续写《少陵先生交游考略》。闻一多的研究也不再仅仅局限于一位诗人身上，而是广泛地搜集材料，打算对整个唐代诗歌都加以考察。他专门列出一个详尽的计划，上面有他设想的研究步骤，十分全面周密。他为了准备材料，写了一个又一个长方大本子，每一个上面都写得密密麻麻，令人吃惊。他以前就曾做过唐代六诗人的研究，并积累了很多笔记，现在重新拾起这份工作，虽然苦累些，但得心应手。既然要理解唐诗，就要先知晓唐代诗人的生平，于是他开始写唐代诗人的列传，想通过对作者群生活状态的了解与考证去揣摩作品的含义。这就是现存共九册约60万字的《全唐诗人小传》，收集有406位诗人的材料。除了这本著作外，关于唐代的文学研究，他还有疏证、表谱、札记、史料收集等各个方面的成果，几乎覆盖了全部领域。闻一多研究时善于步步深入，有追根问底的精神，因此遇到问题就能深挖下去，成就斐然。除唐诗外，他还继续对《诗经》和《楚辞》进行研究。不久后，游国恩也来到青岛大学，就住在闻一多的楼下，两人继续着友谊的同时也继续着学术探讨，往往相互切磋后欣然有得。他研究《诗经》的方法则与常人不同，有一次他去图书馆找梁实秋，索阅莎士比亚的版本作为参考。图书馆新到了20册佛奈斯的集注本，闻一多看后连连感慨，中国文学虽然内容博大精深，研究方法却实在是落后、故步自封。他决心要用现代的科学方法整理《诗经》这部最古

五卅运动

老的文学作品，从此埋头苦干，忘寝废食。他的房间里堆满了参考书籍，有人前来拜访时，必须将椅子上的书搬开，才有坐的地方。他的成果是有目共睹的，因为他在音韵训诂的老路子外又运用了西洋社会科学的理论，如弗洛伊德的精神分析等，因此提出了崭新的发展方向。不过他并不是以理论先行，而是有坚实的文本证据作为支持，令人信服。

他在学校开设的课程，就与此时的研究方向密切相关，如"中国文学史""唐诗""名著选读"等。此外还在外文系开设了"英诗入门"。他喜欢勃朗宁、柯普林等人。作为一个诗人，他讲诗歌自然与别人不同。在一次课上，他讲雪莱的《云雀》时，用充满诗情的腔调吟诵出来，将诗中云雀越飞越高、歌声越来越长、音节也就越来越长的特色淋漓尽致地表现了出来。他还常说，如果上课不是在教室里，而是大家围坐在草地上喝着茶，那才是真正适合谈诗的气氛。同学们都为他诗人的气质所折服。

自从《死水》出版后，闻一多不经常写诗了，但是在1930年冬天，他花了四天工夫写下了一首抒情长诗《奇迹》，徐志摩看后激动地表示"喜悦之至，非立即写信道谢不可"，并称这首诗是"'三年不鸣，一鸣惊人'的奇迹"。这首诗是他这一阶段诗歌创作集大成之作。有一次他还在礼堂应邀朗诵自己的诗歌，先说明写作的经过，随后用沉着的低音诵读，十分流畅自然，让听众体会到音步的规律与节奏。有几首用北平当地方言写出的诗歌，读起来抑扬顿挫，很是亲切，有些一直不欣赏白话诗的人，听了他的朗诵后都一致表示非常感兴趣。

虽然自己的诗歌创作不像以前那么高产，他依旧十分关注青年诗人的成长。臧克家就是此时获得赏识的弟子之一。当时他报考青岛大学，数学考了零分，国文卷子是由闻一多出题并批改的，题目是在《杂感》或《你为什么投考青岛大学》中任选一题。闻一多改卷子极为严格，很多人只得了五分十分，能及格已经不错了，他却给了臧克家九十八的高分。臧克家两题都做了，其中《杂感》只写了三句小诗，却极富哲理，大概就是这个打动了闻一多。诗中写道："人生永远追逐着幻光，但谁把幻光看作幻光，谁便沉入了无底的苦海。"臧克家开始时被梁实秋主管的英文系录取，后来他想转入中文系，很多其他抱有同样想法的人都被闻一多拒绝了，但是当他报上名字时，闻一多很高兴地同意了。闻一多对自己喜爱的学生要求很严格。有一次，臧克家拿着自己的诗集去找闻一多请教。闻一多刚刚翻开时热情称赞此书是"成熟"的诗集，但往后看，闻一多就开始摇头，严肃地说："不，'成熟'应该改成'半成熟'"这种严谨的态度让臧克家受益匪浅。他回到宿舍后就将自己的大部分作品付之一炬，这样才重新开始了自己的创作之路。他意识到新诗不是那么容易成功的，甚至比旧诗还难，闻一多在技巧的磨练方面所下的功夫和付出的心血，都让他深深悔恨自己曾经肤浅的自满自大。后来，在闻一多的悉心指教下，臧克家果然成长为著名的优秀诗人。

　　不只是学生得到他的教诲，连文化程度不高的群众也非常喜欢他的为人。因为闻一多古道热肠，诚恳和蔼，不仅没有大教授的架子，还对大家有问必答，有求必应，总是在自己力所能及的范围内帮助他人，所以大家明明知道他不是青岛人，还亲切地称之为"我们的老乡闻先生"。他自己也说过，"人家是说了再做，我是做了再说"，"人家说了也不一定做，我是做了也不一定说"。这两句话是他人格的真实写照。

　　青岛是个世外桃源般的胜地，却不可能逃避大局势波动的影响。在建校之初，南京政府并未全面控制山东，省政府负担一部分学校的经费，这就为后来的动荡埋下了隐患。

　　学校刚刚开学时，就发现了一些拿着假文凭报考的学生，数量竟然占到新生的将近一半。为了整肃校纪，学校宣布凡是用假文凭的学生一律取消学籍。学生们却认为只要能通过考试就应该颁给入学许可，不应该用文凭来卡学生。他们成立了学生自治会，举行了全校性罢课。校方召开校务会议，决定在学生上课之前任何要求不予考虑，而且宣布学生自治会不合法，决议案无效。第二天，同意学校决议的学生组成护校团，就是否上课的问题与主张罢课的纠察队发生争执。教务长张道藩自恃为国民党员，就将不上课的学生认定为要暴动的共产党，还打电话叫了警察保安队过来。警察来后本不敢捉人，张道藩却给他们壮了胆，于是学校被包围，当局宣布开除了近一半的学生，这次罢课因此失败。闻一多此时的确是站在学校的立场上，觉得学生不应该草率罢课，尤其他们自身还犯下了错误，但他绝对不赞成以武力干涉校内事务。谁料，一年后，张道藩竟将全部责任推到他的身上，同学们也误信了这一说辞。

1931年"九一八"事变发生之后，日军大举入侵，占领沈阳，举国震动，蒋介石却违背全国人民的意志，严令不得抵抗，这种投降主义导致东北三省全境很快沦陷。青岛大学学生为此成立"反日救国会"。在校务会议上，闻一多也完全赞成酌量增加军训时间，组织青大青年义勇军等决议，而且还批准了13名东北籍学生离校投军的请求，并为他们保留了学籍。之后他还热情地为慰劳前线战士积极捐款。随着日军侵略步伐的加快，蒋介石却依旧奉行不抵抗政策，将解决事变的全部希望寄托于国联。各国为了自己的利益，都采取观望态度，只用一纸空文要求日本尽快退兵，毫无实际作用。日军很快向东北的军事要地锦州发起攻击，国民政府为了缓和局势居然提出了设立锦州为"中立区"的设想，这种默认日本占领东北合法性的做法，引起了全国人民的极大愤怒，尤其是学生们，更是热血沸腾。北平天津的学生纷纷罢课，结队南下赴南京请愿，要求政府抵抗日本侵略，南京秩序大乱，青岛学生也很快效仿，强占火车并逼迫其开往南京。南京教育部急令各校劝阻学生离校南下，青岛大学执行了这个命令。当时，闻一多等多数教授认为，虽然学生的爱国热情可以理解，但一则青岛环境特殊，曾为日据地，日本人势力强大，青岛《民报》曾因报道事变被放火焚烧，连国民党党部都未能幸免。二则学生的爱国活动不应离开学校的范围，南下是不必要的，而且会扰乱正常的社会秩序。三则当时的知识分子还对国联抱有幻想，相信公理终会战胜强权，中国应该听候国联的调查与仲裁。但学生们的怒火已经被点燃，已经不能被劝阻了。于是12月，青大学生有179人登上火车开往南京。全国的学生汇成一股洪流，当局只好被迫取消了设立中立区的提议。

学生们离开后，校园里暂时平静下来。教师们决议开除几个为首的学生，闻一多也赞成，并称这是"挥泪斩马谡"，不得已而为之。后来这些学生并没有被开除，只是记过了事。他赞成这个决议绝非出于有意阻挠学生的爱国活动，事实上，他比任何人都更难忍受国家被欺凌的现实。曾经有一个中国学生在沙滩游玩时与一个日本孩子起了争执，几个日本人竟将那个学生打得半死后送往警察局。崇洋媚外、奴颜婢膝的警厅局长向日本人道歉不说，还扣押了中国学生，打电话指责青大校长"对学生放纵"。闻一多在课堂上听到此事，脸色变得铁青，他愤愤地说："中国，中国，难道你已亡国了吗？"他坚决要求要和警局交涉，一些软弱的人劝他别和"友邦"伤了和气，闻一多根本不理睬，在他的支持下，警局只好把学生放了出来。他之所以反对学生南下，是基于对正常教学秩序和学生人身安全的考虑，他也曾在年轻时参加过很多爱国活动，怎么能不了解学生们的想法呢？但身份和所处的地位决定了他的行为，最后也只能以与学生发生意见冲突而告终。

南下请愿运动的余波很快又震荡起来，这就是青大的第三次学潮。1932年4月，青岛大学根据教育部的要求修改了《青岛大学学则》，其中规定学生如果有两门必修课不及格的，将被勒令退学，学生对此反应强烈。这也是有一定原因的，当时全国都在日本侵略的阴影下战栗，日本发动"一·二八事变"进占上海，国民政府仓皇迁往洛阳，抗战的力量被蒋介石迟迟拖住。而傀儡的伪满洲国也在长春成立了，有识之士怎能安坐于书桌旁边，放任帝国主义的铁蹄踏上中国国土？因此，学生没有能够专心读书也是可以理解的。但有些学生将矛头指向闻一多，认为这是他在利用修改学则控制学生，还联系之前几次学潮的事情，认定闻一多就是幕后黑手。他们还认为闻一多与梁实秋等"新月派"人士把持校务，还在购买的图书种类上都加以控制，只买新月派的书籍，因此很是不满。这些显然都不是事实，学生们被一些别有用心的人煽动，才错误地将闻一多当成批判对象，他们还印发了《驱闻宣言》，里面很不理智地将闻一多称为"准法西斯蒂主义者"、"不学无术的学痞"等等，极尽污蔑之词。他们召开学生大会决定罢课，并四处贴出标语和打油诗、漫画等，专门针对闻一多，最后甚至还包围了闻一多的住宅，青岛市政府只好派来四名兵士护卫。学生们不知道，闻一多不仅是完全无辜的，而且正因为他一心治学不过问政治，才会没有后台而遭到这样的待遇。他其实早就提出辞职了，而且校长也已经同意。为了让学生复课，学校决定开除为首的九名学生，却激起了更大的反对声浪，他们开始驱逐校长杨振声、教务长赵太侔与图书馆长梁实秋，青大成为全国瞩目的焦点。

　　闻一多此时的心情是很复杂的，他并不怨恨青年学生，知道他们只是一时被人蒙蔽了双眼，终将醒悟；但他也不想继续在这里待下去了。这是他一手参与筹备创建的第四所学校了，本以为在这个人地两宜的地方，在同事的齐心协力与同学的热心上进中，学校总会变得越来越好，事实却又给他带来了沉重的打击。他颇有些灰心丧气，只想远离与政府有关的事务，安安心心读书教书，但这样的机会看上去也是奢侈的。他离开学校，与助教陈梦家一起去登泰山、游灵岩寺，两人默契地闭口不谈学校之事，笑谈风生，留下了几天愉快的回忆。但这并不能驱逐盘踞在闻一多心头的阴云，他已经决意离开青岛了。7月，教育部解散了青岛大学，并成立了青大甄别委员会，聘请闻一多为委员，但他坚决拒绝了。对他来说，青岛的一切在开始时美好得有如街道两旁的一场樱花雨，短暂的缤纷快乐后，迎接他的就是处处也避不开的黑暗现实。

　　1932年夏天，闻一多离开居住了两年的美丽宜人的青岛，来到北京，回到阔别十年的母校清华大学担任中文系教授。他到的那一天，系主任朱自清亲自出城迎接，两人长达14年的友谊自此开始，成为李白与杜甫那样驰名的文学史佳话。朱自清大闻一多一岁，就读于北京大学，还参加过文学研究会，经俞平伯和胡适的推荐任教于清华。他与闻一多恰恰是处在性格的两极，十分互补。朱自清性格温和，是个文字绮丽柔美的散文家；闻一多却性格刚直，热情如火，眼里揉不得沙子，是个语言追求强健朴实的诗人。但即使存在这样的差距，也不妨碍他们有共同的爱国热情和铮铮铁骨，他们的友谊除了学术上的讨论外，很大一部分也是建立在相似的人生观上的。

　　闻一多开始时是被拟聘为中文系主任的，但是经过武汉大学与青岛大学两次事件，他深知自己缺乏行政才能，而且也不愿再夹在政府与学生之间左右为难，于是坚决不允。他这次来到清华，就是打算认认真真做研究的。聘请他的梅贻琦校长，是在清华经过数年波折动荡，百废待兴的时候接手校务的。曾经的几任校长或因为政治因素，或因为学术不被认可，被师生联合抵制，驱逐出学校。梅贻琦任校长则是众望所归，大家都很赞成。他本就是清华第一批留美的学生，1915年起任教清华，还教过闻一多的物理课，因此闻一多一直对他以师礼相待。梅贻琦主张学术自由，曾提出著名的"大学者，非有大楼之谓也，有大师之谓也"。就在他的主持下，清华逐渐恢复了优良的传统，而且四处延聘良师，增强教师队伍的力量。闻一多就是第一批被聘的人才之一。他刚来时因为学校缺乏教工住宅，就与任清华工学院院长的顾毓琇比邻而居，住在风景优美的达园，每日开窗就是一池碧水荷花，环境很是清幽，后来二人也成为挚友。

重新回到曾经度过美好十年青春的校园里，他觉得处处都是熟悉的景物，一切都能勾起曾经的回忆。只不过，当年他还是个热血奋发的青年学子，而现在，已经是饱经沧桑的教授了。能够在漂泊十年后再次回到这里，闻一多就像找到了思想上的故乡，自此再也不愿离开。这里就是他潜心治学的天堂，能够抚慰他之前的种种心灵创伤。

按规定，清华大学的教授要开设至少3门课程，闻一多就准备了"王维及其同派诗人""先秦汉魏六朝诗"（包括《诗经》与《楚辞》中的《九歌》）与"大一国文"的课程。刚开始，有些学生对一个以作新诗出名的人来教古典文学颇有些不信任。清华中文系的旧学根底很好，但六位教授中只有闻一多不是科班出身。当时清华的学生与教授的年龄差距不大，也颇有些学生已经发表过文章或出过书，认为自己不比老师差，也就缺乏对不认同的老师的敬意。有一次他在课上讲训诂，有位同学却认为他讲的没有依据，还有同学发笑，他有些生气。在这样压力很大的环境里，闻一多全身心地投入到教学与研究中，立志一定要做出一点成绩给大家看看。在他拼命努力下，很快就见到了成绩。

他刚开始讲《楚辞》时，只有两位学生选课，空空荡荡的教室里显得有几分凄凉。闻一多像是负着气苦干似的，准备得极为认真，讲课像平时一样聚精会神，全心全意地为他们讲解，上课就像座谈，几乎每字每句都讲到了。他从未把学问当作自己的私有财产，遮遮掩掩，而是经常把自己还未发表的讲义或笔记借给学生抄，足以见他胸怀的磊落和人格的伟大。很快，选他课的人越来越多，大家都想一睹闻先生的风采。他上课也的确有一种诚挚、神秘而迷人的风格。

之后上《楚辞》课的时候，他特意去和学校交涉，要把上课时间挪到黄昏后，认为这个时间才最切合讲课的气氛。等到晚上7点以后，电灯亮了，初夏里盛开的马樱花散发着清淡的香气，闻一多就在这时走进了教室。他高梳着浓厚的黑发，架着银边眼镜，穿着黑色长衫，还抱着厚厚一大叠近年研究《楚辞》所得的手抄稿本。坐下以后，他不急着开讲，倒是慢条斯理地掏出自己的纸烟盒，打开后对着学生和蔼地一笑，问道："哪位吸？"学生们都笑了，当然也没有人直接接受这样绅士风味的礼让。于是他自己擦火吸了一支，一阵烟雾在灯光下为他的面容笼罩上几分神秘的气氛，他用极为迂缓的腔调念到："痛——饮——酒，熟读——离——骚，方得为真——名——士！"这样地，他就开讲了。有时，他讲到兴致盎然的时候，就把时间延长，一直讲到月上中天的时候才回去。

闻一多讲课很注重独创性，对于一直以来通行的学术观点，他敢于提出质疑并讲出自己的见解，这样很有利于形成学生的独立思考能力。不过他并非一味标新立异，而是经过谨慎的考证才得出自己的结论。当时，他与研究《楚辞》的知己游国恩常常以书信往来，他常常说自己反复揣摩《离骚》中的数行文字就能花费好几天的时间，一定要每个字都得到恰当的解释后才告终。他常常突然有所感悟，但有时也有一些疑难之处。在谈及自己想法的时候闻一多很谦虚，自称"学识肤浅"，"不敢自信"，因此要请教于高明的朋友。其实这是他治学态度严谨的一种表现。

对于《诗经》，他集中对《国风》加以研究，认为其中包含着更多原始的因素。比如讲《芣苢》这一篇时，他从训诂学出发，以人类学的视角解读文献，别出心裁，大有收获。同学们都表示，《诗经》虽老，一经闻先生讲说，就会肥白粉嫩地跳舞了；《楚辞》虽旧，一经闻先生解过，就会五色斑斓地鲜明了。而他的新解都是由最可靠的训诂学推求得来的，证据很充足，绝非胡猜。他语重心长地告诫同学们："每读一首诗，必须把那里每个字的意义都追问透彻，不许存下丝毫的疑惑——这态度在原则上总是不错的。"这就是他自己一丝不苟的治学态度的总结。他还打算进行一项庞大的工程——《毛诗字典》。他要将《诗经》拆散成单个的字，把每个字的古代音义和形体都标注清楚。他曾经要求选《诗经》课的学生每人选出一个字来，将书中所有的用法都摘抄出来，并作分析。这项浩大的任务终于因学校南迁而未能完成，但足以见他的雄心壮志。此外，他对唐诗的研究并未终止，而是以百倍的热情继续了下去。这段时间里，他的唐诗研究成果最醒目。他一直想着手写一部唐代文学史，并为此做了大量的准备。闻一多还意识到，文化的源头，才是一切的开始，因此他一路追溯上去，从唐诗到诗经楚辞，又到神话，再到甲骨文与金文，他一步一步地接近心中最高的理想殿堂。他曾剖析自己的性格，发现了一个"最根本的缺陷"，那就是不能适应环境。因此，他向外发展的道路屡屡受挫，只好转而向内走，做学术研究，他自认在向内走的道路上很有发展的希望，并且详尽地列出了未来五年的研究计划，庞大到惊人的地步，但他有足够的毅力来完成。而且，此时他的工作环境十分安定，资源也很充足，担任系主任的朱自清又能很好地照顾到他的需求，可谓是万事俱备。他就是在这种情况下取得了诸多具有开拓性的独创研究成果。

他此时为了做学术研究，就放下了写作新诗，但他对年轻诗人的鼓励，还是一如既往。当臧克家的第一本诗集《烙印》出版时，闻一多不仅亲自选诗作序，考虑到他经济拮据，还替他出了三分之一的版税。他评价臧克家的时候，称"克家的诗，没有一首不具有一种顶真的生活的意义"，这里说的生活上有意义，正是指臧克家作为农民诗人所反映出的人民的苦难与现实的动乱。闻一多对诗歌内容与形式做出区分，认为真正包含现实意义的诗作才是难能可贵的，这样的认识已经比那些沉醉于风花雪月的诗人进步了一大截。当林庚出版第一部诗集《夜》的时候，闻一多也给予了很热情的帮助，他绘制了封面：在布满星辰的夜空下，一个人仰卧在草坪上，身边放着乐器，仿佛刚刚歌唱过。闻一多对书籍的装帧和封面设计是有自己独到的理解的，《夜》的封面设计再次体现了他的功力。不久后，他在为彭丽天的诗集《晨夜诗庋》作跋时还专门声明："这是我对新诗最后一次插嘴的义务。"他知道新诗在这几年中已经得到了迅猛的发展，一些人做出崭新的尝试并形成了独到的风格，"新诗在旁的路线上现在已经走得很远了"。因此，他虽曾一时引领诗坛风潮，此时也甘心引退，将空间让给年轻人，这种胸怀是很博大的。

1934年冬天，闻一多搬进了新建成的西式教师住宅，清华新南院72号，这是闻一多一生中住过的最好的房子，书房、卧室、会客厅、餐厅、浴室、储藏室一应俱全，屋里还有冷热水和电话，条件在当时来说已经是数一数二的。门前有两块草坪，中间各摆着一座大缸，里面养着的是闻一多喜爱的金鱼。孩子们爱在草坪上玩耍，尤其是下雪天，闻一多也会和孩子们一起打雪仗、堆雪人，玩得不亦乐乎。这段时光是闻一多最美好的回忆之一。不过，由于教学任务与研究工作十分繁重，他在美国患上的胃病此时常常发作，有时更患了失眠，两相煎熬下他的健康越来越坏。夫人高孝贞常常劝他不要如此拼命，可是他自己知道，还有那么庞大的设想要去完成，怎么能懈怠下来呢？因此，他宁愿舍弃自己的身体，也要为祖国的文化建设添砖加瓦，做出自己的贡献。

四、抗战跋涉，迅猛转变

　　闻一多在清华园的日子过得轻松愉悦，他的家庭幸福美满，研究颇有建树，环境清幽雅致，同事关系也都和睦友好，生活优裕而稳定。但他并非枯坐书斋不问世事，相反，此时，随着日本帝国主义侵略势力的不断深入，他胸中的爱国火焰也熊熊燃烧起来。

　　1933年1月，山海关失陷，日伪联军随即大举侵犯长城各个关隘，就在这形势十分危急的时刻，蒋介石还一直坚持所谓的"攘外必先安内"的政策，将一心抗战的中国共产党看作心腹大患，而一味地对日本采取妥协投降政策。在这样的方针指导下，中国军队节节败退。尤其在3月初，明明已经下令要死守热河，而热河省主席汤玉麟竟不战而逃，日军兵不血刃地占领了承德。作为连接东北三省和河北的重要枢纽，承德一失守，关内就再难组织起强有力的反击力量。清华随即召开了临时教授会，专门讨论时局问题。诸位教授讨论十分热烈，分为激烈与和平两派，闻一多是持激烈主张的。他认为，蒋介石作为军事委员会的委员长，对这次失败应负不可推卸的责任。敌人在我腹地驰骋如入无人之境，实在令人痛心。尽管国民政府将汤玉麟革职查办，也不能平息人们的怒火。教授们联合发表《致国民政府电》，其中有一段写着："查军事委员会蒋委员长负全国军事之责。如此大事，疏忽至此……钧府诸公总揽全局，亦应深自引咎，亟图挽回，否则人心一去，前途有更不堪设想者。"这批评与警告的语气无疑是很严厉的了。

而对于勇于抗争的抗日勇士，闻一多是不吝于赞美之词的。热河战役结束后，尽管国民政府持消极抵抗态度，中国军人保家卫国的精神与勇气是不会打折扣的，他们仍旧沿着长城一线的各个关隘拼死抗争。5月，密云失守，傅作义率领部队在怀柔以东与日寇展开殊死搏斗，血战到底决不退缩，这在普遍的退缩投降气氛中像一支强心剂，让爱国的人们重新振奋起来。后来，胡适应邀为这些将士写下了《华北军第五十九军抗日战士公墓碑》，闻一多在自己办的《学文月刊》上全文刊登并附有照片，表示了他的支持。

然而，局势随着蒋介石的不抵抗政策一天天地消沉下去。5月底，《塘沽协定》将包括热河在内的中国大片土地拱手让给日本，而河北一带被当做缓冲区，中国的半壁江山已经沦陷。闻一多积极向东北难民和受伤将士捐款，但除此之外，他无能为力，只能眼睁睁地看着国土沦丧，心情十分压抑。日本在东北扶持伪政权后，又想在华北故技重施，一步步地将中国划分成各个听命于日本帝国主义的小政权，以便"以华治华"，实现它的狼子野心。6月签订的《何梅协定》与《秦土协定》，使得他们向变华北为第二个伪满洲国的目标更近了一步。11月24日，日本在关内扶持的傀儡政权"冀东防共自治委员会"在通县成立，而国民政府居然向侵略势力妥协，承认"华北政权特殊化"，答应撤出在河北的一切军队与党部，改地方政府为"冀察政务委员会"，并禁止一切抗日活动。这时，人民积蓄已久的怒火终于要喷发了。尤其是青年学子，又一次站在了时代的前列。清华等十所学校的学生自治联合会发表了《抗日救国争自由宣言》，通电宣布反对一切伪政权和伪组织。

12月9日，由中国共产党领导的大规模学生抗日救亡活动——"一二·九运动"在北平爆发，各校学生举行请愿示威游行，抗议华北伪自治活动，却遭到军警的无情镇压。清华远在城外，待他们想要入城时，城门已经紧闭，他们就站在北平寒冬的朔风里整整一天以示抗议。次日，清华大学各院院长与教务长联名发表告同学书，表明了他们同情但并不支持的态度，因为"不忍见诸位同学作无代价的牺牲"，而且"如想解除国难，须培养力量，并非发泄情感所能奏效"。罢课就是一种消极的举动，不仅对解决目前的问题毫无帮助，还给了别人干涉学校事务的借口与机会。因此，他们诚恳地劝各位同学要专注于学习，学校将尽力营救被捕的学生，不必挂念。闻一多也是持相同主张的。因为此时他对蒋介石还抱有幻想，认识不清，以为他是中国革命的领袖，与主张投降日本的汪精卫等人毕竟不同。而且虽然他也对日本占领我领土十分愤慨，也十分理解同学们的爱国热情，但他觉得罢课对学生弊大于利，而且示威游行只会造成无谓的牺牲。

12月16日，北平各大学与中学学生再次举行示威游行，当局大举派兵镇压，逮捕了数十人，受伤者约二百余人，闻一多的侄子闻立恕、闻立勋与外甥陈文鉴都参与了此次爱国运动，他得知后十分着急，四处打电话询问他们的情况，事后还批评他们不应参与这样的活动，他作为长辈是要对他们的人身安全负责的。只是此时的闻一多还不明白，"华北之大，已经安放不得一张平静的书桌了"，在民族危急的大环境下，学生又怎么可能坐视不管，继续钻研学问呢？在这国族危亡时刻，中共发表了《为抗日救国告全国同胞书》，号召两党停止内战，一致对外。但蒋介石却冥顽不化，仍旧不改其针对共产党的剿灭方针，步步紧逼。此时再奢谈所谓的专心治学，已经不太现实了。

次年春，由于学生们参加各种爱国活动，耽误了一些功课，于是决定由清华大学学生救国会以全体学生的名义请求免考第一学期的学期考试，但是在系主任会议与教授会议上，教授们则全体通过如期考试的决议。此时学生高呼口号、包围会场，之后又屡次涌进会场，会议被迫中断，待学生们离去后，教授们都感到自己已经不能顺利行使学校职权，而且惭愧于自己平日教导无力，于是由冯友兰提议，教授们集体引咎辞职并停课。闻一多也在辞职宣言上签了名。学生们为了避免师生之间的对立分裂，决定按时参加补考，以免伤害内部的和谐。

但就在补考那天清晨，四百多名军警闯入学校并包围了学生宿舍，逮捕了一些学生，同学们闻讯冲上去抢回三人并毁坏了几辆军警的汽车。当天傍晚，军警再次闯进学校，开始搜捕进步同学。在黑名单上的同学都分散到各个教授家中躲藏。闻一多虽然不赞成学生们的斗争方式，但当学生们的安全受到威胁时，当学校正常的秩序被强力打断时，他毅然挺身而出，保护了多名学生。大多数教授，都站在掩护学生的进步立场上。

局势还在恶化，日军步步紧逼而政府毫无坚决抵抗之意，平津随时可能沦陷，两地的很多学校纷纷准备南迁。清华本打算在长沙设立分校，但大多数同学主张南迁即逃跑，主张在北方坚持抗日。于是两派举行了"北平各大学南迁问题"的辩论会，之后又由全体出席人表决，主张不迁的一方获胜。在一个半小时的辩论里，闻一多一直悄悄坐在后排认真聆听，会后他对潘光旦说："现在的青年，比我们年轻时候是大不相同啦！"此时，他已经越来越能理解青年学生了，与他们走得越来越近了。

1936年11月，驻扎在华北铁路沿线的日军以北平为模拟进攻目标展开大规模军事演习。演习的第九天，大量军队和坦克通过了北平市区，往八宝山集中检阅。这件事情激起全城民众极大愤慨。闻一多与清华全校师生齐聚大礼堂前，怀着悲痛的心情举行降半旗礼，他们庄严宣誓："此等非法军事行动，辱国丧权，忍无可忍。我清华全体师生，愿以至诚，促成全民族大团结，保卫国土，维护主权，此誓"。之后，为了反对日军与伪蒙古军政府总裁德王进犯绥远，支持傅作义军队在绥远抵抗日军，闻一多与清华同学一起绝食一天，集资慰问前线战士，捐助同学组织的战地服务队。一些教授夫人，包括校长梅贻琦的夫人，为战士们赶制棉衣并由朱自清与清华学生自治会主席送到军队。18日，晋绥军在红格尔图战斗中获胜，24日又收复了百灵庙，这是中国军队自1933年长城抗战后的第一次胜利，全国人民为之欢欣鼓舞，这场胜利振奋了前线士兵的士气，增强了人们抵抗到底的决心。

不到一个月时间，震惊中外的西安事变就发生了。张学良与杨虎城两位将军在中共抗日民族统一战线的号召之下，在西安联合扣押了蒋介石，发动兵谏，逼迫其抗日。消息传来，国内局势立刻变得更为紧张复杂。亲日派的何应钦等人主张轰炸西安，置蒋介石于死地，日本内阁则召开紧急会议，企图趁机牟利。闻一多等知识分子对形势的判断只能通过报纸上的消息，因此未免失之偏颇。他们几乎一致反对西安事变。闻一多以为大敌当前，内部不应再有动乱，否则会给日本侵略的机会。基于这种考虑，他谴责张学良与杨虎城的行为也是可以理解的。他代表清华教授会起草了反对西安事变的宣言，在课堂上也发表了一些议论。闻一多的这种做法也是有原因的，当时的蒋介石，被看作是中国统一的象征，而且他和坚决抵抗日本侵略的人们其实有相同的敌人。闻一多出于对国家稳定与民族安危的考虑才维护蒋介石。

和当时绝大多数人一样，闻一多也没有料到西安事变居然能够得以和平解决。毛泽东高瞻远瞩地提出了和平解决方针，同时发表《关于西安事变致国民党国民政府电》，周恩来亲自到西安促成事情的转变。这件事情给闻一多留下了极深的印象，很多年后，他提起这件事情还是对共产党赞不绝口。他说："这种不念旧恶，以德报怨的事情，历史上也绝无仅有……像这样大敌当前，能捐前嫌，顾大体，这只有中国共产党才做得到呵！那时尽管我是不问政治的，但我是一个中国人，总不能不关心它的结局呵，这事情给我的印象是太深刻了！"他非常钦佩共产党这种为了国家利益、为了全民族的利益而暂时放下党派成见的行为。

1937年7月7日，对于所有中国人来说都是一个难以忘记的日子。这一天，日军借口一名士兵失踪，炮轰宛平城，卢沟桥事变爆发，中国人民的全面抗日战争终于揭开了波澜壮阔的序幕。

闻一多当时在城内听到枪炮声，还以为是军事演习，和其他人一样以为是中日之间已经习以为常的局部冲突，不久就会在调解下平息。事实上，当时的日本内阁主张和平协商的"不

日军进攻南京中山门

扩大"原则，以避免引起与英美和苏联的冲突，国民政府也一直在和日本进行外交谈判。但狂热的日本关东军则主张给中国以强力的军事打击，时局顿时紧张起来，15日与16日，日本增调了共55万军队以扩大侵华战争。面对这样的局面，中共通电全国号召全民族抗战，而国民政府却仍然犹豫不决，迟迟未能组织起有效的防御。连日来，北平城内人心惶惶，好消息和坏消息参半，让人无所适从。而前一月，妻子带着两个大一些的儿子回武汉省亲，家中的三个小孩子让闻一多手忙脚乱，他也没有心思做文章、看书了，于是匆匆决定南下，再不走，南下的铁路就要中断了，当时京汉铁路已经不通，他只好从津浦铁路走，先到南京再回武汉。19日，他带着三个孩子与女佣赵妈乘火车南下。因为事先没有准备，闻一多仅仅携带了《三代吉金文存》和《殷墟书契前编》两部书，家中的钱财、贵重物品与妻子的陪嫁都留在了清华园委托赵妈的丈夫赵秀亭，也就是家里的厨子照顾。闻一多想着很快就能回来，根本没想到这竟然成了他与北平的永别。

在火车站，他遇到了同样南下回乡的臧克家，臧克家见他只带了一点随身的东西，就问他的那些书怎么不带在身边呢，闻一多感慨地答道："国家的土地一大片一大片的丢掉，几本破书算了什么？"

到了天津需要换车，大批逃难的人群将火车站围得水泄不通，人人都向车上挤，仿佛落水的人争夺一块浮木一样。闻一多又要提行李，又要照顾三个孩子，忙得焦头烂额，多亏了一个戴红帽子的搬运工施以援手，在他的帮助下，三个孩子才从车窗爬上了车。闻一多为了感谢他，一下子就给了他五块钱，这在当时可不是一笔小数目，臧克家看到后吃了一惊，他不知道闻一多其实是想借这个机会，用这些钱帮助那位搬运工改善一下生活，这样又能保住他的自尊，又能表达自己的谢意。在天津火车站，为了了解局势，闻一多买了一份报纸，上面登载着蒋介石在庐山发表的谈话。当时，清华校内的几位负责人如梁实秋、潘光旦等都被邀请去参加在庐山的座谈会商讨国是，蒋介石想借机了解社会各界对目前国内形势与抗日的看法，得到的是大家一致的抗战决心。他在庐山的抗日谈话，大意为如果到了最危急的时刻，惟有坚决牺牲能拯救中国。中国军队不是要求战，而是准备应战。这话说得距离现实有些远，不过闻一多看后还是稍感安慰，觉得政府应该会有办法，能帮助百姓脱离困境。他没预料到，紧接着开始的却是长达八年颠沛流离的生活。

渡江到南京后，闻一多在三哥家暂住了几日，就乘船回到了武昌，住在一个有着窄长天井的小院里，那是闻家兄弟们合资买下的一栋二层小楼。相继南下的师生们不断来到这里探望他。曾任清华大学学生会主席的王达仁拜访时，闻一多一见面就问道"民先"的同学是否都安全离开了平津地区。"民先"就是"中华民族解放先锋队"的简称，当时很多在北平的进步青年都参加了这个组织，闻一多还掩护过其中一些人。

秋冬季节马上就要到了，闻一多身边却没有携带相应的衣物用具，于是他写信给留守在家的赵秀亭，希望他能把换季的衣服寄过来。但此时，日军已经进驻清华园，并强行占去了校外住宅区，美国使馆虽然多次交涉但没有效果，赵秀亭被迫离开，闻一多家中的财物与书籍尽数落入敌手，令人痛心。

8月，淞沪战争爆发，日军已经逼近到国民党统治的核心区域，蒋介石面对迫在眉睫的威胁与压力，下达总动员令，国民政府发表《自卫抗战声明书》，正面战场的全国抗战正式开始了。为了保存有生力量，北方各大学南下搬迁，教育部决定将清华大学、北京大学与南开大学组成长沙临时大学，三校校长联合治校。按照清华的规定，教授任教五年以后，就可以专心研究或出国进修一年，不必上课。闻一多这一年本该轮到休假，他也早早做好了相关准备，打算在此期间完成《诗经字典》，还要与朱自清商定聘请一位中文系的毕业生任助理。但因为陡生变故，清华很多教授由于家室所累，还未南下，中文系的教师严重不足。朱自清为此来到武汉，与闻一多商量延缓休假，先来长沙任教。闻一多得知以后毫不犹豫地答应了。个人的研究虽然重要，但在此时，能为国家培养出人才才是最紧要的事情。于是校长梅贻琦寄出一封信，诚恳地请他来到长沙的临时大学任课。闻一多接信后立即动身，朱自清亲自来到长沙火车站迎接他，二人再次在兵荒马乱的国难时刻相逢了。

11月1日，长沙临时大学正式开课，后来西南联合大学就以这一天作为校庆纪念日。因为长沙一下子负载起清华、北大、南开与其他学校和机关的人员，房屋和校舍不够分配，于是临时大学的文学院就改设到南岳衡山的山脚处，租用了长沙圣经学校的房子。这里背靠衡山，面前有从山上流下的一条小河，下雨天还会变成小瀑布，环境很是清幽。教授们住在同一栋楼里，高居半山腰上，俯视溪谷中郁郁葱葱的植物，别有一番景致。尽管风景不错，生活却很艰苦。当时国家财政紧张，教育经费严重不足，工资打了很多折扣才能发到手中，还要扣除救国公债，更是所剩无几。物价也在上涨，闻一多为了省钱，一度还想过戒烟。这里的饮食也很差。米饭里都是沙子，肉是臭的，蔬菜多是奇怪的树根草叶等。至于住的地方，据说蒋介石也在这里住过，但房子是避暑用的，一到冬天各种问题都会发生。起风的时候，木板做的窗门劈劈啪啪作响，每响一次就带着楼板一起震动，天花板随之往下掉落灰泥，有的房间甚至连窗子都被吹掉了，栏杆也被吹歪了。而且这里常年下雨不见太阳，冬日湿冷实在难熬。就在这样恶劣的环境里，闻一多还是能自娱自乐，他看到云彩贴着人钻进屋子里，觉得有趣极了，还自我安慰道，古人常说游山者若游遍五岳便足可自豪。他曾经去过泰山，此时住在衡山，也算是游了两岳。

在这样的条件下，闻一多依旧坚持着学术研究，在全国弥漫的硝烟战火中，能有一处安稳读书的地方实属不易，教授们都很抓紧时间。他在这里与钱穆、吴宓和沈有鼎同居一间宿舍。房间里有一个大长桌，每到晚上，闻一多就点起一盏煤油灯坐在自己的座位前，专心研究《诗经》与《楚辞》，考订《周易》，"一人在灯下默坐撰写"。钱穆则准备写《国史大纲》，吴宓研究《红楼梦》，沈有鼎钻研数理逻辑，各有成绩。18日的时候，文学院正式开课，闻一多讲授"诗经"与"楚辞"两门功课，不过第一次上课他没有讲具体内容，而是做了一番安抚人心的演讲。抗战初起，人心浮动，尤其是血气方刚的青年学生，大多想着直接入伍去前线报效祖国，因此有人来上课几天又走了，留下来的人心中也不安定，这样是不可能认真学习的。闻一多见到这样的情况，于是只简短地说了几句话，表示抗战并非短时间可以获胜的，救国需要分工，直接参加抗战很重要，但是学习本领积蓄力量，为将来的抗战与建国献身也很必要，各位学生要根据自己的身体条件与志趣迅速地决定去留，一旦选择留下来，就要安心学习。大家听到这样一番合情合理、很有说服力的话，都做出了适合自己的选择。

当时，南岳消息闭塞，报纸大多要两三天后才见得到，不免有"恍如隔世"之感。但是大家讨论国事的气氛却很热烈，每天吃完晚饭后，教授们都聚到一间屋子里喝着茶、抽着烟、一边看着报纸研究着地图，一边谈论战事与各种问题。有些教授等待过政府的征调，不过政府一直没有消息，这才回过头来

118

安心教书。还有人到南京或武昌去向政府投效过，结果都是败兴而归。教授们争执是否要实行战时教育的问题，如打靶和下乡宣传等。学校教育一直和现实生活是脱离的，炮声一响就要求学校将教育和现实结合起来，不切实际，而且教育部也没有明确指示，因此终究愿意去前线的人去入伍了，而留在学校的就继续原有的教育模式。

9月23日，蒋介石发表国共两党合作的谈话，全国抗日民族统一战线正式形成，战场的局势也稍有好转。当时，很多人对蒋介石和国民政府认识不清，他们对蒋介石的崇拜与信任是盲目的。在斯诺的《西行漫记》出版以前，大家并不了解中国共产党的真实情形，也不清楚中国共产党的抗日主张。但闻一多此时已经开始怀疑蒋介石与国民党能否将中国从深渊中拯救出来。他与一位先生谈到国共合作的问题，西安事变虽然已经过去，但抗日战争只能暂时压下国共双方的根本矛盾，不可能彻底解决，因此将来很有可能再次爆发。那位先生认为领袖代表着中国人民的智慧，时机成熟的时候，他一定会向左靠拢一点，整个国家和民族也会跟着他那样做。这种漫长的封建帝王统治而造成的"真命天子"观念可谓根深蒂固。闻一多心里想的却是：如果领袖不向平安的方向靠，而是向黑暗的深渊里冲，整个国家民族是否也就跟着他那样做呢？

不久后南京沦陷，武汉吃紧，日本的飞机越来越频繁地袭击长沙，长沙临时大学当局计划再次搬迁，地点经过数次寻觅，最终定为西南方的昆明，那里可谓是中国一片战火中最后的避风港了，迁过去可以保证同学与教授的人身安全，为学校的正常教学秩序提供保障。但是很多同学并不愿意远离抗战前线。在搬迁之前，闻一多想到一旦迁入昆明，路途遥远不知何时才能回家，就决定立即回家探望。途经武汉时，他见到了刚被从临时大学征调到汉口国民政府教育部担任次长的老友顾毓秀。为了抗战需要，教育部正在筹组战时教育问题研究委员会作为最高当局的咨询机构。顾毓秀亲自前来拜访，希望他能出山来研究委员会工作，但闻一多拒绝了，他深知政府工作的种种弊端与国民党官场的黑暗，表示终身不愿做官，他自知不适合做官，而且也不愿离开清华。不过他照顾到老同学的面子，称个人志趣不同，赞成顾毓秀出来，还说大家都是为了抗战，在哪里都一样，不必聚在一处，只要各自努力认清方向，最后都能殊途同归。顾毓秀不死心，后来又请他到汉口第一流的扬子江饭店，还找了很多清华的老同学一起吃饭洗澡，谈了一个晚上，然而闻一多还是没有答应。因为这件事情，他还与妻子起了意见分歧。妻子以为就任此职可以留在武汉，便于照顾全家，但闻一多不愿因为一点蝇头小利就屈服于庸俗肮脏的利禄。之后，有一家官方出版社请他为某书写一篇序言，还先寄了一大笔款子，闻一多赶紧把它退了回去，表示坚辞不受，可见他远离金钱权势之决心。

1938年2月，长沙临时大学开始正式迁往昆明，进入昆明的方法有两种：一是让教授们从香港取道河内，从那里坐火车入滇；二是组织学生们步行入滇，称"湘黔滇旅行团"。闻一多考虑后决定参加步行团，同学们得知后既高兴又担心他的身体，有同学问他："闻先生，你大可照学校的规定坐车、乘船经广州、香港、越南，舒舒服服地到昆明，何必受这个罪呢？再者，你这么大的年纪，吃得消么？"闻一多当时其实不过刚满四十，但由于面孔清癯，额上有几道深深的皱纹，加上乱蓬蓬的头发，看上去倒像五十岁的老人。闻一多听后很严肃地回答说："国难期间，走几千里路算不得受罪。我在十五岁之前，受着古老家庭的束缚，以后在清华读书、出国留学，回国以后一直在各大城市教书，过的是假洋鬼子的生活，和广大的农村隔绝了，虽然是一个中国人，而对于中国社会及人民的生活了解很少，真是醉生梦死啊！现在应该认识认识祖国了！"从说话的语气与表情，可以看出他内心是感慨万端的。抱着这样的信念，他踏上了三千多里的漫漫旅途，这次长距离的迁徙，在中国乃至世界教育史上，都堪称史无前例的伟大壮举。

临时大学为了保证全程顺利，做了周密的安排，时任湖南省政府主席的张治中也表示支持，除了提供物资外还特派一师长统帅全团，采取军事化管理，下设大中小队，算上几位教授，全团共三百二十余人。学生全穿军服，背雨伞，穿草鞋，打绑腿。19日，旅行团师生坐船离开长沙，来到湖南第二大城市常德，之后在空袭警报中乘舟驶离，闻一多大概就是在此时开始蓄长胡须的，而且决定不到抗战胜利那一天不剃须。

这旅行团真正开始走路，是到达湘西地区以后。3月1日，他们从桃源县步行来到桃花源，见到了陶渊明在《桃花源记》中所描述的"秦人古洞"。洞长丈余，宽可容一人，环境清幽、景色迷人。但是这里绝非真正的"桃花源"，过往的面黄肌瘦的村中小孩与被捆绑而过的壮丁让闻一多看后很是心酸。之后几天，他们都在雨中行走，穿行在起雾的山谷间，如同身处水墨画中，安宁的偏僻小村上还在演着花鼓戏，仿佛并没有被战争侵扰。不过，经过官庄时，听说有土匪快迫近了，几百条枪渡过辰河向这里追赶，大家都很恐慌，夜里都不敢睡去，可又没有武装，没有应对的办法，幸好一夜过后尚且安然无恙。天气一直很恶劣，师生在暴风雨中冒雨前进了二十里来到沅陵县，第二天又下起大雪，还夹杂着冰雹，旅行团就在这里停滞下来。当时北平艺专已经迁到了沅陵对岸，闻一多就渡江前去拜访艺专校长，老朋友赵太侔，还见到了昔日的学生。恰巧沈从文当时也在沅陵回家探亲，就设宴款待他们，大家一边吃狗肉一边喝酒暖身，老友在穷乡僻壤相见，别有一番热闹。沈从文就安排他们在自己哥哥刚盖好还未油漆的新房里住了五天。

旅行途中，闻一多为祖国壮美的景色所激动，不由得再次提起画笔，画了很多速写。这些都是了解当时风土人情的重要资料。月底他们终于抵达贵阳。一行人受到前任清华校长，现贵州省政府建设厅长周贻春的热情款待，省政府主席也设宴为他们接风洗尘。旅行团无意中起到了宣传抗战的作用,当时贵阳处在后方,缺乏抗战的紧迫感,而学生和老师们放弃乘车、步行入滇的行为,则激起了人民的爱国热情,大家看到他们都很感动和敬佩。

在贵州境内,因为他们一路所走的大部分是红军长征经过的地方,闻一多和学生们见到了不少红军留下的布告和标语,也听到了不少红军的事迹。沿途的百姓本来对他们有戒心,但看到他们说话和气,买卖公平,也就敢于接近,说些真心话。他们常常讲述红军长征的故事,红军纪律严明,官兵平等,不抓壮丁,秋毫无犯,很多青年自动参军,而且红军还开仓济贫,助民劳动。这和国民党所宣传的杀人放火、共产共妻的"赤匪"大不相同。闻一多增进了对中国共产党抗日主张的了解,也对红军和中国共产党产生了钦佩之情。一次,他们坐在一个地主坟茔旁的碑亭里休息,一个老乡讲起他见过毛主席与朱总司令,他们都穿着和战士一样的军装,说话和气,没有架子。那个农民的儿子最近被国民党捉了壮丁,他很气愤,说早知如此,就叫儿子参加红军多好!闻一多听后风趣地指着旁边刻着"万古流芳"的碑说,这为墓中人歌功颂德的谀墓文字早就看够了,没有人会相信,但刚才听到的话,才是真的碑,那就是"口碑"。后来在沾益的破庙里,有题壁民谣歌颂红军,上面写着:"田里大麦青又青,庄主提枪敲穷人;庄主仰仗蒋司令,穷人只盼老红军。"闻一多看后很兴奋地说:"这才是人民的

西南联大校门

心声呀！红军受人民的爱戴，由此可知。"类似的民谣，师生沿途采集了有十多首，闻一多很珍视这些民间的第一手材料。

抵达哈马庄时，旅行团本打算在这里宿营，但山顶只有几十户人家，水米无着，于是临时改变安排走到安南县，铺盖和炊具都滞留在对岸，三百人的食宿没有办法解决，因为晚上县长请旅行团里的教授们吃饭，同学们就跑到县政府大堂与学校负责人吵闹。闻一多见到有人要像饥民一样"暴动"，就在人群中说："我今年已是四十岁的人，我跟你们一样……谁要是有意弄得这样，谁就不该活！"于是学生立刻安静下来。他就也没有吃没有睡，陪着同学们在大堂中挤着坐了一夜。好在此时传来台儿庄大捷的消息，大家都兴奋异常，举行了游行大会以示庆祝，把小小的县城都惊动了。

4月28日，经过68天的跋涉，历经三千三百余里的路程，经过三个省会、二十七个县、数百个村镇，他们终于在这天上午来到了距昆明八里路的贤园。稍作休整，午后他们精神饱满地出发了，一小时后来到昆明城下，从东门进入。清华大学的校长梅贻琦、北大校长蒋梦麟等负责人亲自前来欢迎。几位教授夫人献上花篮，有人用爱尔兰民歌的曲调现编上歌词来祝贺他们。春城的四月正是最美丽的时候，整洁的市容和艳丽的景色给大家留下了深刻而美好的印象。这次旅行终于画上了圆满的句号。

胡适后来将这次旅程中的照片放大，散布全美，以纪念这一段不仅在联大历史、而且在世界教育史上都很光荣的历程。

这次旅行中，中途因病或职务关系退出步行，改为搭车到昆明的有四十多人，最终全程走下来的教授只有闻一多与李继侗、曾昭抡。杨振声在长沙的时候曾对人说："一多加入旅行团，应该带一具棺材走。"在昆明见面后，闻一多风趣地对他说："假使这次我真带了棺材，现在就可以送给你了。"两人相视大笑。经过这次历练，闻一多觉得自己身体更好了，健步如飞，一天走六十里，乃至九十里、一百里都能走到。虽然途中条件艰苦，但同学们热情高涨，情绪很好，每天都高高兴兴地唱着《游击队员之歌》《我们都是神枪手》以及聂耳的歌。闻一多第一次切身体会到歌声如何鼓舞在危难中同舟共济的人们，他有意指导同学们采集民歌，共收集两千多首，后来编为《西南采风录》。闻一多还为其作序，表示："你说这是原始，是野蛮，对了，如今我们需要的正是它。我们文明得太久了，如今人家逼得我们没有路走，我们该拿出人性中最后、最神圣的一张牌来，让我们那在人性的幽暗角落里蛰伏了数千年的兽性跳出来反噬他一口。"可见他对其中蕴含的朴素生命力与抗争精神的赞赏。在这个意义上，他对抗战是持乐观态度的，因为"我们能战，我们渴望一战而以得到一战为至上的愉快"。他在给一位学生的信中写道，在步行的两月之内，每天与同学少年朝夕相处，因此"童心复萌"，而且"恢复故我"。他的"故我"，正是在五四中锤炼出的不屈不挠、意气风发地参与社会活动的状态。他迈出了这重要的一步，正是因为他认识到了人民的伟大力量，"广大人民是原动力，知识分子被浪潮推着走，逼上梁山。"这句话实在是很有代表性和概括性的。

4月时，国民政府教育部将国立长沙临时大学改为国立西南联合大学，因为校舍不足，文、法两学院暂时设在距离昆明四百余里的中越边境上的小城蒙自。5月，闻一多乘小火车来到这里，住在南湖畔希腊人废弃的歌胪士洋行二层小楼上。蒙自自古就是边疆军事重镇，在中法战争后不久，法国等各帝国主义势力纷纷涌入，后来法国人想修滇越铁路继续扩大经济侵略，当地人民誓死不从，铁路被迫绕道而行，蒙自的经济地位也就让给了昆明。一战后列强的势力从此撤出，留下一大片洋楼，这给西南联大的师生们提供了住宿的便利。因为这里远离前线，可谓世外桃源一般的地方，十分安宁。学生用功读书，老师也认真教书，为这里的文化开发做出了不小的贡献。

此时闻一多还是讲授《诗经》与《楚辞》，利用这难得的机会刻苦研究，他的用功在全校是出了名的。他除了上课外轻易不出门，饭后大家去散步，他也不去，有人就送他一个雅号"何妨一下楼主人"，犹如古人目不窥园，是说他读书专精。这样的精神使得他有可能在这样艰苦的环境里做出可喜的成就。有一次在他主讲的学术会议上，一位致辞的先生介绍了这雅号的来历，一时成为联大的美谈。

不过，闻一多其实并非一味埋头于故纸堆中，他还是很关注抗战局势的。到了蒙自后，抗战渐渐进入更为艰苦的阶段，日军气焰嚣张，发出了准备进攻武汉的命令。有些教授因为残酷的现实而情绪低落，甚至走向了失败主义，闻一多对此深恶痛绝。每到吃饭时，总有人指着报纸上厦门、合肥、徐州、开封相继失守的消息得意洋洋地说："我说了要败，你看罢，现在怎么样？"倒把国家的苦难当成了自己炫耀的资本。持这种态度的人还不少，闻一多知道和他们辩论是无用的，因此每次吃饭对他来说都是"活受罪"。

但闻一多富于感情，容易冲动，天真爽快，直言无隐的性格是改不了的。他常常批评时政，畅谈民主。在他心中，民主自由是至高无上的，在外人看来未免有些不切实际。有人曾劝他民主自由不可一蹴而就，而且也有其弊端，尤其是在遭遇内忧外患的时候，即使像英美这样的先进国家也要采取集权的手法，但他非常不以为然，还是慷慨激昂地指摘现实，诋詈当局。国民党召开临时全国代表大会，决定实施总裁制，选蒋介石为总裁，显出了集权的征兆。而《国民参政会组织条例》中规定参政员遴选者需由国民党中央圈定，这就是沿着一党专政的路子越走越远了。闻一多对此措辞之愤激粗暴，与一般的教授学人风度不同。但这正是他热血无畏的表现。

在蒙自待了不到四个月，因为柳州航空学院也要迁到这里，联大文法学院为了腾出地方，不得不迁回昆明。眼见抗战不会迅速结束，武汉也危在旦夕，为做长期的打算，闻一

128

多筹划起接家眷来昆明的事宜。7月底，这一学期的课程已经结束，闻一多不等期末大考就马不停蹄地赶往贵阳，在那里迎接从武汉赶来的妻子、孩子与弟弟家驷。一路上多高山峻岭，车又是老旧的木炭车，爬坡困难，更兼湘西多有土匪出没，一路上的危险与辛苦自是不必多言。

在贵阳时，老友吴泽霖正任教育厅的委员，他邀请闻一多来暑假中等学校教员讲习会上作国文讲师，闻一多欣然应允。一月后，全家人回到昆明，与被聘为北大外文系副教授的家驷一家人比邻而居，住的条件颇好。不过房东老太太有时虐待丫鬟，他在楼上一听到丫鬟的惨叫声，急忙奔下楼去劝阻，回到楼上时还连声谴责："太不像话！太不像话！"他的古道热肠于此可见。

尽管昆明是大后方，也未能幸免战火的蹂躏。9月28日，日机首次轰炸昆明。这天早上，闻一多的儿子立鹤与立雕像往常一样去实验小学上课，空袭警报发出后，闻一多不放心，就让赵妈出城接孩子们回来。不久，紧急警报的汽笛声响了，赵妈和孩子们迟迟不归，闻一多心中着急，就自己匆匆出门寻找。半路遇见赵妈，知道孩子已经随老师疏散，于是打算返回城内，但城门已经关上，只好向郊外走去。就在这时，九架敌机迎面飞来，连续投弹，墙上的砖掉落下来，砸在他的额头上，顿时血流如注。幸好救护队出动，为他做了临时包扎。警报解除后，他头缠绷带、衣服上遍染血迹地被送往医院。经过家前的巷口，妻子与家驷见后都大吃一惊。后来，伤口缝了好几针。学校得知此事后立即派人慰问，好友与学生也纷纷前来探望。

闻一多是不会在敌人的炸弹面前退缩的，相反，他更积极地投身到了抗战宣传中。西南联大的外文系教授根据外国剧本改编了一部多幕话剧《祖国》，描写在一个被日军占领的城市中，一位教授不顾个人安危与私人恩怨，和学生、工人一起与汉奸、日寇做坚决的斗争，最后为祖国壮烈牺牲。在排练中，联大学生为了团结更多青年加入到抗战救国的宣传中来，决定将临时性的剧组发展为长期的社团，这就是"联大社团"。闻一多被邀请指导社团工作并在成立大会上发言。他在各个方面都不吝惜自己的意见，在幕后检查工作时一丝不苟的精神常常令青年人也自愧不如。1939年2月，该剧正式演出，他设计的布景、灯光给观众留下了深刻的印象，特别是色彩上，第一幕与第四幕虽然地点未变，但一为黄色，表示忠勇；一为蓝色，表示悲惨的结果，也区分了白天与黑夜，让每一位观众一目了然。《祖国》演出时正值武汉、广州失守，汪精卫叛国出逃，投靠日本，成为臭名昭著的大汉奸。闻一多是怀着浓烈的抗战热情投入到这部戏中的，他想用这部戏来鼓舞民众的抗战信心。事实果然不负众望，该剧连演八天，场场爆满，重庆上海等地的报纸都登载了他们演出的盛况。在庆祝演出成功的聚餐会上，闻一多很兴奋地举杯邀请大家共祝抗战胜利，还说抗战胜利的那一天，他就要剃去自己的长髯。

不久后，闻一多特意发电报邀请曹禺前来昆明指导排演他的名作《原野》，该剧描写了民国初年农民所处的即使想反抗也找不到出路的悲惨境地，深刻反映了封建伦理道德与迷信观念对人性的摧残与吞噬。闻一多很看重这部剧，为此花费了极大的精力，全神贯注地日夜琢磨。他负责舞台美术与服装设计，每一幕的舞台设计都与曹禺共同研究，绘出平面图后，制作模型征求大家意见，最后经过多次修改才正式绘制。在家里，他找出几个木箱作舞台，用硬纸壳作各种颜色的布景与人物，调上调下，时而在近处细细端详，时而退到几尺外评头品足，不时还征求夫人与孩子的意见，斟酌比较后才选定一个最佳方案。他绘制布景也很辛苦，自己蹲在地上用炉子熬胶水，面前铺着一大张布，堆着各色颜料，画一张就要一两天的功夫。大家这才知道闻一多深厚的美术功底与天赋，十分敬佩他认真负责、一丝不苟的作风。剧中女主角"金子"的紧身红棉袄，还是他自己跑到估衣铺买来的。男主角"仇虎"的大褂，他坚持要黑缎面、红缎里子的。他对颜色与情调有高人一等的鉴别力，他提供的帮助令剧组的工作人员都很难忘。

该剧上演时，闻一多亲自撰写了《说明书》，其中说道："原始人爱欲仇恨与生命中有一种单纯真挚的如泰山如洪流所撼不动的力量，这种力量对于当今萎靡的中国人恐怕是最需要的吧！"从中可以看出他对这出戏寄予了很高的希望。起初该剧演出了九天，不巧正逢连日大雨，但仍然天天满座，中间演了一出老舍的《黑字二十八》，但应社会各界的要求又演了五天《原野》，共三十一场，全城轰动，成为昆明与中国话剧界的一件大事。

9月1日，德军大规模侵入波兰，第二次世界大战全面爆发，闻一多对国际局势极为关注，天天急着看报纸。此时抗战对个人的切身影响也越来越明显了。以"四大家族"为代表的官僚买办资产阶级趁火打劫，大发国难财，物价飞涨，人民生活越来越困难。教授的薪水常常不能按额发放，再加上各种捐款，拿到手的更是少得可怜。后来通货膨胀愈发严重，生活水平只好一降再降。为了节约，家中的面粉都靠自买小麦来磨筛，闻一多也改用旱烟叶子自己卷烟。即使这样，他的薪金也不足八口之家十天的开支，月月都要向学校透支或向友人借债。家中已经到了最艰难的时候，为了糊口，家中的衣物几乎被卖尽。本来从清华带出来的衣物就不多，冬天他只好把自己的夹克大衣拿去寄卖，回家后就患了重感冒，在妻子的苦苦哀求下才追索回来。他自己只剩下一件旧棉袍与灰布长衫交替穿，穿的布鞋也不知修补了多少次。妻子有时被迫去摆地摊卖破烂，但收入也仅够勉力维持一两天。连闻一多视为掌上明珠的几本线装书都忍痛卖给了清华图书馆。送过去的时候，他还十分不舍地说，等到回了北平一定要赎回来。为了节省一点木炭，在腊月寒冬里，他每天清晨率领子女到村头的小河用冰冷的河水洗脸。就在这样极端艰苦的环境里，闻一多依旧不肯加入国民党做官，也不肯和附庸风雅的官僚地主周旋，更不愿像有些教授一样去跑买卖。他坚守在自己的教师岗位上，贫贱不移，威武不屈。家人在他的感染下，也都能自得其乐。饭桌上常常见不到一点肉末，每天吃的是白菜和萝卜，有时买几块豆腐就能让全家高兴了，闻一多美其名曰"白肉"，称赞其营养价值高，劝大家多吃一点。买不起肉，孩子们就去捉蚂蚱，捞田螺，抓田鸡，或者捞些小鱼小虾和到面里，大家也吃得津津有味，只是这样的"盛宴"并不常有。赶上年三十，夫妻二人商量无论如何也要做一两个好菜，于是精打细算地定了菜谱，闻一多兴高采烈地亲自推磨做豆膏，总算是勉强过了个年。

不过对待孩子们，闻一多是不肯省钱的。当时有一位实业家，平时极为敬仰他的为人，劝他一起做生意，不用出资，只要挂个名就可以分红，闻一多却不愿受人之恩，要自食其力。这位先生为了帮助他，又提出愿意负担立鹤直到大学毕业的学习与生活费用，他虽然感谢朋友的援手，但不肯因此将做父亲的责任扔给别人。在立鹤与立雕考入联大附属中学时，他嘱咐家中特意加了一两个荤菜，还狠心花钱给他们买了两套新的学生装，殷殷之情可见于此。

然而昆明物价一直暴涨不已，一家人的生活几乎陷入绝境，有些老朋友想起他当年搞过篆刻，就建议他利用这门手艺补贴家用。闻一多思考后觉得这既可以增加收入又不失风雅，于是欣然挂牌治印。他原来刻石章没有问题，但云南流行象牙章，硬度极大。他将象牙放到醋里泡了一昼夜也丝毫没有变软，为了谋生不得不硬碰硬地试一试。他刻第一个章的时候费了一整天，右手食指都被磨烂了，几次灰心绝望，还是咬牙干下去，最终居然成功了。开始时来件不多，闻一多未免着急，后来顾客纷至沓来，他又嫌时间占用太多了。他本来就要上课以及兼课，白天十分忙碌，此时更加紧张。只能抽出与朋友们谈话的时间，一边说话一边刻字，他风趣地称自己是"一个手工业劳动者"；在夜里，孩子们都睡了，他还要奋力治印。收费的标准，随着物价波动，长子立鹤曾经怒气冲冲地和他辩论道，定这么高的价格，是不是发国难财？闻一多半晌没有说话，末了才沉重地说："立鹤，你这话，我将一辈子记着！"其实闻一多的收费价格相较于他为每方印章所花的时间和精力来说，实在是公允合理。他每次都像对待艺术作品一样精心布局，先用铅笔画草稿，在很多个方案里挑一个最合适的，再慢慢雕刻，精益求精，直到满意为止。

他治印是为生计所迫，但绝不为金钱低下自己高傲的头颅。一个镇压过学生运动的军阀附庸风雅，也请闻一多刻印，要求两天内刻好，答应予以重金。闻一多连看都没看，直接原样退回送来的石头，还说，他什么时候改好，什么时候给刻。这种高尚的气节令人敬佩。而对于朋友与学生，他可以彻夜不眠，无偿地付出劳动。为他们刻章。有时不仅不收费，还连

134

石头都送给他们。他送过华罗庚一方印，华罗庚在此后几十年的辗转迁徙中一直珍藏着，因为每当他看到它，就想起闻一多，想起他们患难中凝聚的情谊，鞭策着自己不断进步。

闻一多还曾给自己刻过一方"叛徒"的印章，他解释道："我要做一个旧世界的叛徒！我们事实上都属于剥削阶级，什么时候懂得恨自己反对自己的阶级，而替人民的利益服务，就算为人民了。这是一件痛苦的事，可是我们一定要做到。"他最终以自己的实际行动证明了自己与封建阶级、资产阶级的决裂，走向了人民的怀抱。

1940年，朱自清获准休假一年，他在联大担任的中文系主任一职由北大中文系主任罗常培代理，而清华大学中文系主任的职务，大家众望所归，都一致推举闻一多代理。但闻一多自从武大与青大之后坚决不再担任任何行政职务，此次他收到梅贻琦签发的聘书，立刻退回，还写信说明原因。他力荐王力出任，表示自己"平生顽直之性，见事往往失之偏宕"，而且"素性脱略，生活习惯漫无纪律，读书时心力所注，辄一切皆忘，以此任事，疏失尤多"。他并非不愿承担这一责任，而是出于对自己才能的仔细考虑，认为自己的性格有些偏激，不如朱自清中正平和，易于容众。但冯友兰与朱自清商量后仍然觉得他是最佳人选，于是反复相劝。在同人的竭力挽留下，闻一多只好勉力代理了这一职务。第二年朱自清的身体每况愈下，不宜操劳，为了好友的健康考虑，闻一多正式接任了系主任，不过说

西南联大中文系全体师生在教室前合影。二排左起：浦江清，朱自清，冯友兰，闻一多，唐兰，游国恩，罗庸，许骏斋，余冠英，王力，沈从文

明一旦返回北平立即卸任。

在系主任一职上，他尽心尽力，秉公办事，有时这种铁面无私还会伤了同事间的"和气"，不过他的出发点都是学校的利益与公义，因此显得刚直不阿。1942年，磨黑大盐商张孟希派人请中文系教授刘文典为其母写墓志铭，刘文典以热爱云土与云腿而闻名，被称作"二云居士"，一听说张孟希可以充足地供应烟土，就去了磨黑，抛下了正在教的几个班。这件事情在联大中传得沸沸扬扬，刘文典在清华资历很老，任安徽大学校长的时候还当面顶撞过蒋介石，脾气和架子都很大，谁都不敢惹。大家都冷眼看清华中文系会如何处理这件事情。闻一多很不赞成这种行为，他觉得这样的举止怎能为人师表？于是主张不给刘文典续发聘书。刘文典得知后写信给校长梅贻琦申诉，称"自问并无大过，徒因道途艰远，登涉艰难，未能早日返校耳"。话是这么说，可他迟迟不回，闻一多就索性不给他安排课程。有几位同事来说情，说刘文典在北平沦陷后随校南迁，可见还是爱国的。闻一多听后发怒道："难道不当汉奸就可以擅离职守，不负教学责任吗？"终于还是将他解聘了。在这件事情上，梅贻琦也一改往日的平和态度，坚决支持闻一多的决定。

不久前，老舍应罗常培的邀请从重庆飞抵昆明做讲座。闻一多因为是系主任，要主持会议并首先致辞。那天听讲的人很多，把教室的门窗都挤烂了。闻一多首先用热情的语调赞扬老舍使用活的语言创造了活的文学，接着他就针对重庆写旧诗成风的现象提出了严厉的批评，尖锐地指出："在今天抗战时期，谁还热心提倡写旧诗，他就是准备做汉奸！汪精卫、黄秋岳、郑孝胥，那个不是写旧诗的赫赫名家！"此言一出，震动全场，大家都知道老舍与总角之交罗常培互有唱和，这话则像是直指二人，让客人很惊愕，有些下不来台。其实闻一多对老舍毫无个人成见，他的这番话只是针对时弊的借题发挥，他是不满于后方毫无抗战激情的现实有感而发，他反对的倒不仅仅是做旧诗，看到常常举办的画展上，没有一点现实精神，都是"闲情逸致""云烟满纸"，全是仕女啊花鸟啊之类的，他同样看不惯，一定要提出批评，认为在国家危急的时刻，这些就是"帮凶"。他要求画家尽量摒弃主观虚构的东西，多画写实的漫画和宣传画。当他看到"有人画倒毙在马路边的尸体"，就加以肯定，认为对于这个吃人的社会，就要用画笔来控诉。他是有话直说的耿直性格，不喜欢所谓的"讲人情""讲面子"，不过同事朋友们和他接触久了，大多也都接受了他的这种个性。

对有缺点的同事毫不客气，对晚辈和后学，闻一多却多是提携和鼓励的态度。他知道在这样艰苦的环境里坚持求学不易，就尽可能地给予他们帮助，不仅在学术上大公无私地施以援手，还积极帮他们解决生活问题。清华文科研究所的中国文学部是闻一多一手创建出来的，他制订了详细的研究计划，还把司家营的一栋二层小楼当做办公室与小图书馆，学生与老师们可以住在厢房，研究者可以聚在一起朝夕研讨，条件便利。

很多学者都非常重视自己的手稿，常常秘不示人，但闻一多绝不是这样，他把学术当做天下之公器。有一次一个学生借阅《诗经长编》的手稿，放寒假时那个学生将手稿带回家乡抄，稿子就一直没有消息，直到春节后开学，他才归还了厚厚四大册的本子。闻一多谈及此事，丝毫没有责怪那个他甚至都不知道姓名的学生，只是对稿子失去联系表示了一点担心。何善周研究先秦两汉文学史时，闻一多将自己《诗经》和《楚辞》的手稿全部拿出来，任他随意查阅；李嘉言研究唐诗时，他把多年的研究心得都拿出来，并说自己当下没有功夫写出文章，那就让年轻人尽情地用吧！他对学生的劳动一向特别尊重，他们偶有创获，他总是喜形于色，两眼闪着慈祥的亮光，说："很好！很好！我来再给你补充补充。"经过他的增益与加工，文章已经大变了，他却仍把创见之功归于学生。他还会不遗余力地加以宣扬，绝不掠为己美。研究生季镇淮向闻一多请教他对于"七十二"这个数字在古书中所代表的意义的看法，不久后写成文章，闻一多就与何善周说起此事，正巧何善周也对这一方面很有兴趣，于是一拍即合，再去分头收集材料，各有收获，并证明了季镇淮观点的正确。闻一多就将文章重写了一遍，纳入了自己找到的很多材料，做了进一步的分析，忙了五个昼夜，最后还坚持自己誊写。发表时，文章署的是三个人的名字。何善周过意不去，再三推辞，他觉得自己只是顺便说了几条意见，算不得什么，可闻一多还在文后特意说明："主要的材料和主要的意见，还是镇淮的，续加的材料中，重要的都是善周的贡献……我只多说了些闲话，并当了一次抄胥。"这样的坦荡胸怀，是足以为万世师表的。

不过闻一多也不会一味迁就学生，让他们轻易拿到宝贵的材料。当时郑临川要写毕业论文，材料却很不足，特向闻一多告急，于是闻一多邀请他来司家营住一段时间。郑临川以为这次肯定会有鸿宝秘籍相授，可以节省到处翻检的劳累，于是欣然前往。谁料在快半个月的时间里闻一多像平常一样不作具体指导，让他自己在书库中乱翻，他收获有限，不免有些焦虑，于是一次吃午饭的时候提出返校的请求。闻一多平静地没说什么，只是叫他午休后来楼上一趟。闻一多在书桌后等着他，叫他坐下，指着桌上堆满的大小厚薄的手抄本说："这是我多年抄集下来关于唐代诗人的资料，好些是整理过的，里面有不少是你需要的东西，你就拿去抄些吧！将来你如果研究唐诗，我可以全部拿给你。"他听到这一番意外的厚赐，非常激动，闻一多接着说："为什么不早拿给你，要等到半月后的今天呢？我是有意让你经过一番困苦探索的过程，让你懂得做学问的艰难。你嫌半年来自己搜集的太少，就该知道老师这些丰富资料是付出了多少年的心血吧。你能懂得做学问的艰难，才会自己踏实用功，也不至信口批评，随意否定别人的成绩。"这一番话，让郑临川深感自己的投机取巧是多么可耻的想法，不由得低下了头，心里惭愧极了。这也不是他第一次接受闻一多的教诲了，早在他大三的时候，听人说闻一多考核学生喜欢听奇谈怪论，就打算写一篇否定屈原存在的文章。闻一多知道后，语重心长地说："首先必须端正态度，才会找到正确的方法。屈原存在的历史事实，你能否定得了么？你想，屈原的诗篇为我们树立了多么崇高的爱国文学传统，鼓舞了几千年来民族的自豪感情与献身精神，使我们今天还能生活在祖国的大地上，做自己文化的主人，成为世界文明古国的奇迹，我们今天的浴血抗战，也正是屈原精神继续存在的活见证。否定屈原的存在，对抗战有什么好处呢？要记住，做学问绝不是为了自我表现，是要为国家民族的生存和进步做出有益的贡献呵！"这一番话最能表现出闻一多投身于学术的动力与想法。他对待中国的文化，从来不是当做死物一样去研究，而是作为延续不断的活的灵魂而加以研究的。他之所以这样维护屈原，正是因为他本人就像屈原一样有着浓烈的爱国热情，这样的情感，是怎样也无法抹去的。

1942年1月，太平洋战争爆发后，香港危急，大批滞留在香港的文化界知名人士因飞机不够无法脱离险境，孔祥熙的夫人宋霭龄却用飞机抢运财物甚至洋狗，消息传出舆论大哗，西南联大的同学们自动发起了"倒孔"运动，这是抗战以来昆明学生运动的第一声，不久后重庆的特务头子将这次波澜强行压制下去。在这场运动中，闻一多对同学们充满了理解与同情。

不久后，国民党加强了对学校的控制，要求各大学呈报服务年限满十年的教授名单作为"部聘教授"的候选人，这其实是加强对教师队伍的控制，引起很多人的反感，闻一多对此发言很是愤激。之后国民党又大批拉拢教授入党，有人劝闻一多加入，说加入以后讲话更自由了，成了自己人，而且生活上也会有帮助，但闻一多坚决拒绝了，他表示："他们想封我的口是封不住。"后来他得知同房间的孙毓棠加入了国民党，就要求换一个房间，因为他说今后在房间里骂国民党不方便。可见他对国民党的憎恶是一天天地加深了的。

闻一多从学者到斗士，开始觉醒的一大转折，就发生在1943年。同年3月间，蒋介石的《中国之命运》在昆明发售，国民政府要求每人必须阅读，教育部还要求学校开课专门学习这本书。闻一多本来对蒋介石是抱有幻想的，以为他能带领中国人民取得抗战的胜利。然而，读了这本书后他大吃一惊。蒋介石在书中公开鼓吹"一个党、一个主义、一个领袖""国家至上"等法西斯主义。他将封建主义与法西斯理论联合起来，认为共产主义与自由主义都是"文化侵略最大的危机和民族精神最大的隐患"，这对一直奉行民主自由的闻一多来说无异于当头一棒，他回忆说："《中国之命运》一书的出版，在我一个人是一个很重要的关键，我简直被那里面的义和团精神吓一跳，我们的英明的领袖原来是这样想法的吗？五四给我的影响太深，《中国之命运》公开的向五四挑战，我是无论如何受不了的。"

与此同时，中国共产党的表现则令人赞叹。早在皖南事变中，联大的地下共产党组织贴出的《新四军皖南部队惨被围歼真相》就已经让闻一多有所震动了。为了疏散党员与进步学生，一些正直用功的学生纷纷离校，前往延安。闻一多特别关心这些学生。尽管在事变中损失惨重，中共依旧以大局为重，坚持敌后战场的统一战线抗战。国民党反倒得寸进尺，步步紧逼。5月，共产国际宣布解散，蒋介石以为有机可乘，调动60万大军，甚至将防卫日军的军队也调动过来，企图袭击延安。全国哗然，延安则召开了反内战大会，表示了一致对外的决心。闻一多居住的司家营也有国民党驻军，但触目所及都是一片腐败黑暗的景象。军官打牌抽大烟，肆意凌虐士兵，被抓的农民壮丁骨瘦如柴衣衫褴褛，过的是猪狗不如的生活，军饷只能领到可怜的一点点，患病者无药可医，就会曝尸荒野。一个远房侄子就在教导团里，闻一多去询问情况，得到的是令人愤怒且心痛的回答，被骗到军队里的青年学生常常遭受毒打，偶尔抱怨几句，竟被当做共产党，拉出去用机关枪扫死，而一旦进去，就无法抽身，开小差都会被枪毙。听到这样悲惨的事情，闻一多感到自己再也不能坐视不管了，平静的书斋已经容纳不下他的满腔怒火。他的正义感与同情心如同火山喷发一般奔流而出，他知道人民已经遭到前所未有的苦难，必须要做些什么来改变这样的黑暗了！而这黑暗的总根源就是蒋介石的法西斯统治。有人还在"兴高采烈地粉饰太平"，称赞蒋介石是"民族英雄"。闻一多立刻说道："什么民族英雄！中华民族最大的刽子手，卖国贼！"他历数蒋介石从镇压革命者开始的种种罪行，一桩桩都让人无法反驳。他最后义愤填膺地说："我们有良心的人，就得站出来反对内战，为这些受苦人说话，替这些死亡线上的人说话！"

闻一多内心积压多年的爱国热情终于在这一刻喷发了，他终于拍案而起，成为参加民主运动的民主斗士，加入了群众斗争的革命洪流中，找到了人民这一最根本的力量。对于闻一多的转变，反动派大加造谣，污蔑他是"穷疯了"，其实闻一多最贫困的时候并没有意识到中国悲惨命运的根源，待他觉醒时，家中的经济状况已经有所改善了。他对华罗庚谈到过自己思想转变的原因："这些年，我们不是亲眼看到国家糟到这步田地！人民生活的这样困苦！我们难道连这点正义感也不该有？我们不主持正义，便是无耻、自私！要不是这些年颠沛流离，我们哪能了解这么多民间疾苦？哪能了解反动派这样腐败不堪！"的确，这时候的闻一多已经走上了正确的道路，并且找到了精神的方向。

1943年8月，因为受邀选编一部《中国新诗选译》，闻一多在朱自清那里看到了解放区诗人田间的诗集，他已经好几年没看新诗了，不知道新诗发展到什么地步了，一看之下，不由得大加赞赏。在唐诗课上，闻一多忍不住要和同学们分享这份激动，他说，自己第一次看到这种诗的时候，发觉这并非诗的声音，而是鼓的声音，这声音是庄严奋发、勇敢激动的，这种诗的韵律就是鼓的韵律，人们沉醉在软弱的弦调里太久了，人民现在正需要的就是鼓的音乐！他还自我反思道："抗战六年来，我生活在历史里、古书堆里，实在非常惭愧，但今天是鼓的时代，我现在才发现了田间，听到了鼓的声音，使我非常感动。"他还盛情称赞道："田间实在是这鼓的时代的鼓手！他的诗是这时代鼓的声音！"

他一边朗读着，一边解说着，他研究了这么长时间的诗歌，发现古代只有屈原、嵇康、杜甫、白居易这几位诗人才值得佩服，因为他们的诗歌反映的是人民的声音，其他诗人都是统治者的工具和装饰。想要诗歌恢复健康，就要把她从统治者手中解放出来，还给劳动人民。今天的中国是战斗的时代，需要鼓。诗人就应该做鼓手，艾青和田间已经成为了这样的鼓手。他们的诗歌有着健全的、活动的姿态，文学要和时代跑得一般快才行。在这民族历史进程的大拐弯中，人们必须一鼓作气来渡过危机，完成大业，因此，人们也期待和盼望着更多的"时代的鼓手"。

这堂课给许多同学留下深刻的印象，他们纷纷表示，"这听鼓的诗人将要变成擂鼓的诗人"。的确如此，在大家的劝说下，闻一多将课堂的讲演写成文章发表在《生活导报》周年纪念刊上，这就是《时代的鼓手》一文。这篇公开赞扬解放区诗人的文章，立刻在国统区引起了大家的关注和惊异。朱自清说："这一篇短小的批评激起了不小的波动，也发生了不小的影响。"这其实是他思想转变期的一声呐喊，标志着一位人民的鼓手的诞生。

闻一多在田间和艾青等人激励下又重新对新诗投注了热情，不过他一洗往日的风格，褪尽铅华，成为崭新的人民诗人，还应邀担任了联大同学组织的新诗社的导师。他非常支持同学们组织诗社，兴奋地谈了自己对诗的见解。他认真直率地表明了自己的期望，既然叫"新诗社"，那么不仅要写新诗，还要做新的诗人。生活的道路，就是创作的道路；民主的前途，就是诗歌的前途。他多次强调："今天的新诗人，必须到群众中去，为人民服务，向人民学习，这是文艺青年的必由之路。"但他从不以导师自居，而是热情地融入同学们当中去。夜里，他们常常在一座小楼上展开诗歌创作朗诵与讨论活动。屋小人多，于是用稻草打成的圆垫子叠起来，靠墙坐了一排。闻一多原来被尊敬地安置在床上坐着，但半途他自己却挤到草垫子那一排里。他问了一句："你们以为我到你们中间是干什么来的？"大家还没来得及回答，闻一多顿了顿又说："你们也许以为我是来教你们，来领着你们走的吧？那样想就错了。我是到你们中间来取暖的！其实，哪里是我领着你们，那是你们推着我走！今天的年青人做了许多不应该由他们来做的事，但是他们做了，而且做得很不坏。干吗不让他们好好在学校念书呢？这说明了，有许多中年人放弃了自己对生活的责任，如果青年人不挑起这担子来，事情就更没有人过问了！"这一番话中可以看出他对学生参加运动态度的转变，他不再一味要求学生专心读书，而是鼓励他们加入到革命的洪流中去。

　　闻一多此后又多次重申了这一观念。国民党为了抹杀五四运动的伟大意义，宣布取消五四纪念，以3月29日为青年节，引起了教授与同学们的一致愤慨。闻一多大声疾呼："五四的任务没有完成，我们还要干！"在1944年的五四前夕，联大照样举行了多场纪念五四运动的座谈与讲演，闻一多参加了其中的两场，还作了振奋人心的精彩演讲。5月3日，历史学会请多位教授到场参与五四运动二十五周年纪念会。有些教授还在坚持学生的天职就是读书的陈词滥调，闻一多则根据自己在五四时的活动，针对蒋介石主张恢复封建糟粕的行为针锋相对地提出号召，要大家里应外合地打倒孔家店，继续完成五四的事业。他激动地说："学生是国家的主人，有权过问国家的大事，认为一个国家要学生耽误学业去过问政治，就是'不幸'的事情。那么，我要问问，为什么要发生这种'不幸'的事情呢？这还不都是因为没有民主！青年人是幼稚的，但幼稚病并不可耻，尤其是在一个启蒙的时期，幼稚是感情的先导，感情一冲动，才能发出力量。过去，我总以为国家大事专门有人去管，无需自己去问，长期脱离了现实。但是一二十年来和古董打交道，今天也总算得到结论了。我总算认识了那些反动糟粕的毒害，而这些货色正是那些人要提倡的东西！同学们，我们愿意和你们联合起来，把它一起拆穿，和大家里应外合地来彻底打倒孔家店，摧毁那些毒害我们民族的思想。"

4日晚，由"文艺"壁报社举行的回顾五四与新文艺运动的文艺晚会在往常举行学术演讲的大教室开始了。但是主办者没有料到到场人数极多，将会场围得水泄不通，只好临时决定改变会场，但已经在教室坐定的人不肯动，后来地点改到图书馆时，还是挤满了人，闻一多等人根本进不去。而后又有特务将灯光弄灭，会场骚动，闻一多主张摸黑也要继续开，作为对特务卑鄙行为的回敬，但终于还是没有开成，晚会宣布改期进行。闻一多觉得，历史系能开，中文系难道开不成？他坦率地表示，我们要开得比历史系还要大。于是8日重开，这次地点改为图书馆门前的大草坪，到会者有三千余人，又新请了六位教授，一共十位，创了联大的历史纪录。这次大会因为有了充足的准备，进行得顺利且圆满。他深刻地反省到，"遗产"要不得，新文学要与政治思想打成一片，才有左右社会的作用，新文学要加紧建设，但破坏的工作也不能放松。同学们都尽最大力量向他致敬，掌声盖过了其他一切的声音。会议即将结束时，闻一多控制不住自己的激情，再次站起来上台说道："我们研究中国文学二十年，目的就在于摧毁这座封建的精神堡垒。"他提高嗓子高呼："我号召大家第二次打倒孔家店！五四时候做得不彻底。"这就是他开始向民主进军的宣誓词。他勇敢地站出来支持进步青年，开始由一位诗人、学者变为为和平民主奔走呼号的战士，这种变化是十分可喜的。有些知道他"何妨一下楼主人"雅号的朋友，都高兴地赞扬道："闻先生这回可下楼了!"不仅下楼了，他还找到了可以皈依的信仰与方向，那就是中国共产党与马克思列宁主义。

在抗战后期，昆明的民主运动热火朝天，被称为"民主堡垒"。早在1937年，周恩来、朱德与叶剑英参加南京国防会议时就与云南地方势力代表龙云广泛地加以接触交流。龙云意识到内战没有出路，必须联合中共一致抗日，就与中共达成秘密协议，建立电报联系并交换密码。因此，昆明的地方势力对民主运动一般不予干预，民主运动就迅速发展起来。1944年纪念五四，是民主运动的一大转折，在这之前以反对投降争取抗战胜利为主，之后则以反对内战争取民主为主。就在这民主运动的高潮中，闻一多站起来了！当时昆明的地下党员就是否要争取闻一多这样的教授和知识分子有过争论。周恩来特派华岗来到昆明，主要做上层地方人士的统一战线工作。周恩来在信中明确指示：像闻一多这样的知识分子，对国民党反动派的腐败是反抗的，他们也在探索，也在找出路，而且他们在学术界，在青年学生中是有广泛的社会联系和影响的，所以应该团结争取他们。因此，地下党与闻一多的接触就越来越密切。当地党组织的负责人多次与他进行开诚布公的长谈，闻一多看到了光明与希望，注入了新的力量，就更加精神百倍地投入到民主斗争中去了。

他在1943年起已经开始自觉学习《整风文献》《共产党宣言》《联共（布）党史》之类的著作了。在与共产党接触后，他获得了更多相关书籍，孜孜不倦地阅读着。中共党员楚图南以云南大学教授的身份去联络他，与他商谈组织"西南文化研究会"的事宜。闻一多当时介绍了潘光旦与吴晗等人加入，楚图南与华岗则介绍了一些共产党员，共有十几个人。座谈主要是学习党的政策和分析时事，地点则安排在唐家花园，有时为了避开特务的监视，也雇一艘小船在滇池之上泛舟。就在这个讨论会上，他们这些知识分子明白了中国社会的阶级现状，也知道了个人与集体的关系，好像在眼前打开了一扇新窗，豁然开朗。那时，他已经明确地表示将来要加入中国共产党了。他们还得到了《新华日报》《群众》等在解放区发行的刊物，读到了毛泽东著名的《论联合政府》和《新民主主义论》等著作。长期找不到方向的闻一多终于找到了中国前进的正确道路，便如饥似渴地抢着看。在国统区，这些书都是"禁书"，闻一多只能将书藏在枕头下，在夜深人静的时候拿出来看。那时他正患眼疾，看书很不方便，但他还是躺在床上，借着昏暗的灯光继续读下去，一边阅读，一边思考，一边在书中记下自己的想法与不理解的地方，像一个小学生一样认真地做着笔记。一个下大雨的晚上，门外传来查户口的吵闹声，闻一多警觉地从枕头下抽出几本书，包好后交给两个最小的孩子，指着窗外说："今天要查户口了，赶快把它藏起来！"孩子们就敏捷地翻过后窗，将东西藏到安全的地方，这样才躲过了被搜查的命运。

1944年秋天，中共西南局派刘浩来到云南参加省工委的工作，他想代表工委对闻一多表示敬意，特意托人联系请求面谈。闻一多得知后十分兴奋，还叫妻子多加了两个菜。二人畅谈了两小时，刘浩向他介绍了敌后抗日根据地的情况与党的主张，还揭露了国民党反动派阴谋对日妥协，准备反共的情况。闻一多听后很激动，他表示，现在还有些人看不清国民党是没有希望的。他在黑暗中摸索了半辈子，现在才看清楚光明之路，他愿意为此奋斗不息。此时吴晗等人邀请他加入民盟，但闻一多更想加入中国共产党。刘浩诚恳地表示，作为知名教授，他参加民盟更方便进行社会活动，也更有利于推动民主运动。闻一多还是不死心，想要去解放区亲眼看看人民一手创造出的新世界。他多次和亲密的共产党友人说起过这件事情，不过因为他身份特殊，作为一个著名的公众人物，他的一举一动都在特务监视之下，别说去延安，就是离开昆明都很困难。闻一多还想过要化名悄悄地去，但这显然是不现实的，闻一多感到很懊丧，于是和妻子商量，一旦抗战胜利，学校迁回北平，一定要把孩子送到解放区读书。高真也的确在1948年带着全家投向了晋冀鲁豫解放区。闻一多在大家的劝说下最终加入了中国民主同盟，成为了民盟的重要领导人之一。

中国民主同盟的前身是1939年成立的"统一建国同志会"，之后改建为"中国民主政团同盟"，由国家社会党、中国青年党、第三党等政党发起组成。闻一多起初对于加入政党还是有些犹豫的，但是经过认真考虑，他对邀请他加入的吴晗说道："国事危急，好比一栋房子失了火，只要是来救火，不管什么人都是一样，都可以共事。"不过在应允加入民盟的晚上，他说自己是一个马列主义者，将来一定要请求加入共产党。他曾多次对友人谈论过自己对加入政党的认识，热情动员师友学生入盟。有些教授劝他没有加入的必要，他生气地反驳道："什么？没有必要？告诉你，中国人都有必要！"又和缓地解释道，以前的知识分子都有洁癖，讲清高，不过问政治，但是现在政治逼着人不得不过问。在中国当前的政治情势中，就要参加有组织有纪律的政治活动，比如中共与民盟。如果因为条件限制不能参加中共，在民盟中逐步改造自己、提高自己也是不错的。于是，很多青年朋友都被他真挚诚恳的态度所感动，纷纷加入了民盟。好友罗隆基曾笑着指着他说："一多是善变的，变得快，也变得猛，现在是第三变了，将来第四变不知道会变成什么样子？"他也大笑着回答道："变定了，我已经上了路，摸索了几十年才成型，定了心，再也不会变了！"

他对民盟的工作是极为热心的。民盟资金短缺，请不起人，每到要印刷文件时，他都自告奋勇要写钢板，无论多少张都一笔一画极为认真地写。文件要找人签名，开会要口头通知，昆明那时还没有公交车，他一定要去帮忙跑腿，累得满身大汗，从未抱怨过半句。在深夜里，他推敲着宣言与通电的每一个字，朋友劝他不要过度辛劳，他还微笑着说："谁叫我是国文教员呢！"他自称是从"人间"走到了"地狱"。这并不是堕落，而是真正地走入了人民群众中去，走入社会的底层。在"地狱"中，才能见到真正的中国，才能深刻认识在水深火热中挣扎的民众的生活。

早在加入民盟以前，闻一多已经向象牙塔外发出过自己的呼声。作为罗斯福总统代表的美国副总统华莱士曾来到西南联大参观。美国出于限制苏联力量的考虑，要扶持中国变得统一而强大。因此华莱士表达了战时战后国内国际广泛的民主主义的愿望，试图调停国共矛盾并力促两党建立民主联合政府。但他在重庆与蒋介石进行的六次会谈都毫无进展。为了向他表达中国人民争取民主的强烈愿望，几位联大同学决定连夜赶制一幅英文壁报，闻一多非常支持他们的活动，放下手中的工作帮他们校订修改译稿。最终的成品上端是红纸的大字标题"我们决心与世界任何地方的法西斯战斗！"，下端写"我们要民主！"。这张巨幅壁报被钉在华莱士必经之处路边的土墙上。陪同华莱士出访的记者眼疾手快，将它拍下，产生了相当的影响。美国领事馆发布快报，上面写明"国立西南联合大学学生……批评国民党'法西斯'，鼓励外国对中国的批评，并强调中国需要西方民主。"然而很快国民党就做出了恶毒的报复。一些在与华莱士座谈会上表示了对重庆政策不满的教授，被教育部下令开除。闻一多就在此列，好在联大并没有接受教育部的命令。闻一多没有被这样的恐吓吓倒，而是更加激愤地投入到民主战斗中去。他曾在一次公开演讲中高声大叫："砍我的头，我也要说！"那种一往无前、无所畏惧的风姿令很多人为之折服和敬重。

在为纪念抗战七周年而举行的"时事座谈会"上，云南大学校长熊庆来受到特务的欺骗，发表了一些并不恰当的言论，比如他认为中国的积弱是由于学术不昌明，老师和学生就不应该关注学术以外的东西，比如政治或者商业。闻一多本来并没有打算发言，但他听了这样一番话后，实在忍不住要站起来发言了。熊庆来本是他多年的同事与好友，但他毫不顾忌情面，尖锐地开始批评了。他在不断的掌声中说道："国家糟到这步田地，我们再不出来说话，还要等到什么时候？我们不管，还有谁管？有人怕青年'闹事'，我倒以为闹闹何妨！有人自己不敢闹，还反对别人闹；自己怕说，别人说了，又怕影响了自己的地位和前程，真是可耻的自私！"熊庆来之后对华罗庚解释道，是训导长让他去的，他上了特务的当，他不该去，并请华罗庚向闻一多解释一下。闻一多知道后也说："当时不得不这样啊，自然，我讲话太嫌锋利了一些。"但他并不认为自己的性格有不妥。几个月后在国民党军官邱清泉举行的座谈会上，闻一多听着军人们报告军事情况，不由得义愤填膺地发言："以前我们看到各方面没办法，还以为军事上有办法，刚才听了各位长官的话，方才知道军事上也毫无办法。我只差要在街上号啕大哭。我们可怜到如此地步仍然在座谈。因此也没有什么讨论的，现

154

在只有一条路——革命！"此言一出，语惊四座。大家都被震惊得哑口无言。其他教授纷纷出来打圆场，不过也有意无意地指出，目前许多的政治问题不解决，军队就无从改善，一切的焦点在政治而不在军事。

随着闻一多的呐喊不断增强，国民党反动派也一步步加紧了虎视眈眈的控制。此时社会上关于教育部又要解聘闻一多的风声越传越盛。几位同学很是担心，特意来找闻一多，从学生的角度要求他爱护自己一点，因为讲真理的人越来越少，他们经不起敬爱长者的损失。闻一多听后簌簌落泪道："我不懂政治，可是到今天我们还要考虑自己安全吗？我很感激……可是我还要做人，还有良心……"这一番话表明了他早就将自己个人的安危置之度外，他的心中此时只有对国家和人民的深沉忧虑。延安《解放日报》特意刊登了《慰问闻一多先生》的文章，文中热情称赞了他正直敢言，对国家民族前途有一股正义的热情。他发表的针对现实的正论不被人所容，正证明了如今是"月黑天低"的时候，正应该为社会的正义而抱屈。文章还号召青年们一起来打破这"可怕的冷静"。

大家都在为闻一多是否会被解聘而担心，新学期开始后举行的纪念"九一八"的晚会上，闻一多昂首走进了会场，传言不攻自破。同学们再次看到敬爱的师长，都激动地鼓掌，掌声持续了三分钟之久，足见他在大家心目中的地位。

闻一多刚刚加入民盟时，正是日军大举进攻，西南大后方遭遇严重威胁的时刻。人心浮动，很多人准备逃难。闻一多针对这种现象喊道："不要逃！逃到哪里去？没有人抵抗的敌人是逃不过的，站住，我们要站住！组织起来，组织就是力量！"当时日军为了挽救在太平洋战场的不利局面，决定打通陆上的交通，就制定了名为"一号作战"的计划，这是日军在正面战场发起的最后一次大规模进攻行动。国民党数月内失地千里，郑州、洛阳、长沙、衡阳等城市相继失守。9月，日军向广西发动了桂柳会战，桂林、柳州失守，云南暴露在日军的兵锋之前。中国守军之所以败退得如此之快，与国民党的腐败专制是密切相关的。民盟云南支部在省政府主席龙云的默许下，计划在双十节召开大规模群众集会，号召大家参加保卫大西南的斗争，这也是自皖南事变后云南组织的第一次大规模群众集会。为了筹备这次集会，闻一多也出了很多力。他曾和同仁们谈到团结更多同志的事情，说道："爱国是靠自愿，但做任何事情都有个先后，先走了一步的人有责任拉拉走得慢一点的人。"他还举自己做例子，说自己过去就很落后，不参加群众活动也不问政治，多亏了靠走得早走得快的朋友们推一推拉一拉，才能跟上大伙儿一道来搞民主运动。他也很理解那些有顾虑的人，他设身处地地说："你们想想，参加一个会，签上一个名，给特务盯上了，都会招来麻烦，甚至生命危险，怎么能不有所顾虑！有的人找了一次不行，就再找一次，多争取一个人，就多增加一份力量，扩大一份影响。"在他的鼓励下，人们纷纷加入到这场属于人民的集会中，最终到会的学生与各界群众有五千人左右。

　　这一晚，是闻一多和他的战友们第一次走出校门，站在人民面前。人民群众认识到了他们的一片赤诚，也认识到了反动派的卑鄙无耻。闻一多与李公朴、罗隆基等五人演讲过程中，会场中突然响起了两声巨响，特务开始捣乱了，下面的人们推搡着叫喊着，一时间秩序出现混乱。闻一多庄严地屹立在主席台上，沉着镇定地维护着秩序。在龙云派来的宪兵协助下，群众将放鞭炮的特务一举抓获。于是大家迅速恢复镇定，会议得以顺利进行下去。闻一多发表了悲愤的演讲，其中说道："一切都有靠不住的时候，最可靠的还是我们人民自己。而我们自己的力量，如果善于发挥，善于利用，是不可想象的强大呀！"他还告诉在场的群众："记住我们人民始终是要抗战到底的，万一少数人为争夺权力闹意气不肯把实力拿出来抵抗敌人，我们也有我们的办法，我们人民自始至终是有决心的，而有决心自然会有办法的。我们从今更要努力发扬民主自由的精神。"大家听后都很受鼓舞。在大会结束以前，闻一多宣读了《昆明各界双十节纪念大会宣言》，其中特别强调了要国民党结束一党专政，还政于民，组成全民政府。国民党要员陈果夫等人看到这种局面不由得大为恐慌，于是肆意造谣污蔑，称"演讲内容均系反对本党及攻击现政府之荒谬论调"，其实，对于那样黑暗腐败的政府，不奋起攻击的人才是真正没有良心呢。

　　在此之后，闻一多就像是获得了无穷无尽的力量，积极地投入到各种民主运动中，在人民群众之中大声疾呼。这年年底，昆明举行了纪念护国起义的大游行。29年前的12月25日，云南督军唐继尧首先通电全国，反对复辟帝制的袁世凯，并成立了护国军出兵征讨。这一天就被后来的国民政府定为国家纪念日，以提醒人们铭记来之不易的共和制度。但是1942年当局将这个纪念日与12月5日的肇和兵舰起义纪念日合并起来，引起云南人民的异议。在云南省政府的坚决要求下，1944年成为这一纪念日恢复的第一年，仪式格外隆重。这一天昆明各界，包括文化界人士、护国元老、学校师生、地方上层人士、军官、工人、职员等齐聚在广场上，被热烈的气氛所感染。闻一多最后登上讲台，他开门见山，表明"我们是应该惭愧的"，因为已经过了将近三十年，国家居然还和三十年前一样，他高声质问道："难道袁世凯没有死吗？"在下方的群众齐声呼喊："是的，没有死！"闻一多极为沉痛地说道："护国起义的经验告诉我们：要民主必须打倒独裁。因为全国人民都要求民主，就可以得到全国的响应。……三十年后，我们所要的依然是民主，要打倒独裁！"他又以昂扬的斗志号召道："让我们就从昆明开始，继承护国精神，扩大民主运动，争取更大的胜利！"

这次大会取得了极大的成功，其动员的深度和广度都是前所未有的。大会还一致通过了《云南各界护国起义纪念大会宣言》，表明了人民渴望召开人民代表大会、组织联合政府，反对国民党一党专政的立场。文章历数国民党的种种罪恶，提出了

158

三项呼吁民主政治的要求，最后高呼道："民主政治万岁！中华民族解放万岁！"这深沉的呼喊唤起了大家的共鸣与激情。

会后举行的游行中，闻一多被众人簇拥着，人们热切地渴望着他再说些什么。闻一多看到大家渴望的眼神，又即兴发表了一段简短的演说。

"我们胜利地纪念了'护国纪念'二十九周年。你们看，我们的队伍这么长！这是人民的力量。因为这是人民的力量，所以他是伟大的，谁也不敢抵挡！这是时代的洪流，他要冲垮一切拦在路上的障碍。1944年就要过去了，我们要更好地迎接1945年！让那些嫉妒我们、害怕我们的人发抖吧！"

闻一多非常重视鼓励年轻人加入到这场声势浩大的活动中来。他始终认为年轻人是最有活力也最有希望的一群人，青年热血沸腾百折不挠的精神值得他们这些长辈学习。云南民主青年同盟的成立与活动，就与闻一多、吴晗等人密切相关。当时一些因故失去与党组织联系的联大学生自发组织起一个"社会主义青年同志会"，因为这个名字太明显，在国统区难以掩护，就改名为"民主青年同盟"，其发起人之一的洪季凯经过长期观察，觉得党组织与闻一多、吴晗接触的可能性很大，慎重考虑后就向他们和盘托出了建立这一秘密组织的计划。闻一多和吴晗都非常赞成，并向华岗和民盟支部作了汇报。民盟很想将他们吸纳为自己的成员，但他们坚持要作为一个独立的组织存在，不过表示愿意接受两位老师对组织的指导。这个会议的第一次代表大会所通过的章程以及对民盟的通报书，都由闻一多与吴晗完好地保存着。不久，民盟就正式委任两人为两个组织间的联系代表，互相支持彼此的活动。

民青成立后，首先从三青团员手中争取到了联大学生自治会的领导权，以便更好地开展进步活动。闻一多的帮助和支持在其中起到了重要作用。他们还编印了一个名叫《民主通讯》的刊物，闻一多任指导，审定稿件。后来这个杂志改名为《渝风》并公开发行。编印内部刊物需要建立秘密印刷所，闻一多和吴晗两人则代表民盟给予了极大的支持。当时，进步青年所表决通过的文件或想传达的意见，都不能被当局所容，自然也不可能被印刷发行。为了绕开这一阻碍，他们急迫地需要成立自己的印刷所，但是当时经费不足，犹如无米之炊。闻、吴二人得知后表示不成问题，就利用《民主周刊》的广告费、龙云的资助，还有闻一多和吴晗的印费与稿酬，补足了这笔活动款。有了他们的全力帮助，很快印刷所就顺利开工，《新民主主义论》、《论联合政府》、《论解放区战场》等先进宣传刊物都是通过这一渠道得以传播的。闻一多对此功莫大焉。值得一提的是，为了保守秘密，闻一多并不知道印刷所的位置，稿件都由专人转送。闻一多对此也表示理解，从来不去主动打探这方面的消息。

1945年的"五四"又要到来了，在5月2日，国民党就密令各校务必严防学生参加游行等"非法活动"。但人民的热情怎么可能被反动派的一道命令阻挡，联大决定举办五四纪念周，各种晚会紧锣密鼓地筹备起来。在5月4日当天下午，联大和云大等四所学校学生会联合举办了纪念会。到会的大中学生、职业青年、新闻记者与盟国友人共有六千余人，场面很是壮观。很不凑巧，正在吴晗等人开始讲演时，天下起雨，参加的人们四处躲散，寻找一个可以避雨的地方，秩序出现紊乱。闻一多见状冒雨登台大声疾呼："是青年的都过来！是继承五四血统的青年都过来！"在他的召唤下，群众稳住了，大家都红着脸走近讲台，静静聆听闻一多的教诲。他给人们讲了"天洗兵"的故事，那是在武王伐纣之时，天降大雨，有人以为是不祥之兆，周武王却非常坚定地相信这是上天帮助他洗去兵器上的灰尘，一鼓作气地出征，果然取得了胜利，推翻了纣王暴虐的统治。这个故事恰恰与今天的情形相似，人们都听入迷了。最后，闻一多呼吁道："这是行动的时候了，让民主回到民间去！"在场的人都深受鼓舞。

会后举行了万人大游行。激动的人们高呼"立即结束国民党独裁专政""建立联合政府""取消审查制度"等口号，走过昆明各大主要街道。这是国统区自皖南事变后第一次群众示威游行，这支游行队伍被人们赞为"民主坦克"与"民主轰炸机"，足见它对国民党统治造成的影响之大。闻一多始终随人们行进在队伍中，当最后回到会场时，闻一多再次走上讲台，做了即席演讲。他说道："'五四'过去二十六年了，我们大半个国家还在受苦受难。我们今天第一要民主，第二要民主，第三还是要民主！没有民主不能救中国！没有民主不能救人民！……我们要更好地团结起来，保卫我们的胜利，争取更大的胜利！"

晚上，联大同学举行了三千人的大聚餐，闻一多和诸位被邀请的教授像同学们一样坐在地上，愉快地畅谈着。最后一个项目，就是由三十四位同学举行火炬竞走比赛，男女两队的第一名都获得了由闻一多题字的"民主火种"锦旗，这是他认为最能体现五四精神的话了。

随着抗日局面一步步打开，胜利的曙光正在向人们招手，但是国民党企图发动内战的用心昭然若揭，令人不得不心生警惕。在1945年7月7日的抗战八周年纪念日上，国民党召开了所谓的"国民参政会"，实际上是由政府圈定指派的机关，绝大多数参政员都是国民党员，根本不是民主的各党派联合会，只是政府伪装国内民主以蒙蔽国际视听，尤其是应对美国压力的一种工具。这次参政会上，国民党一党包办地通过了召开国民大会的决定，实际上剥夺了各个在野党参与选举的权利，更剥夺了几千万成年选民的选举与被选举权。民盟对此表示抗议，在这天草拟了《抗战八周年纪念日宣言》，闻一多是其主要的修订润色人。其中提出了三项主张，即反内战、反国民参政会与国民大会。而且在积极的方面，他们还为政府提出了和平的民主政治方案来谋求团结统一，以及四项对政府提出的要求，作为民主的先决条件。这个完整严密的方案，反映了广大人民的共同呼声，中国共产党和民盟一直把它当做争取实现民主政治的重要蓝图。

当晚，联大、云大等三校联合举办了"七七纪念晚会"，到会者有一千余人。与会的教授对抗战以来各个方面做了系统的分析。闻一多也发了言，他对蒋介石七七演说中的荒谬之处大加批评，偶尔还幽默地加以注释，大家听后都发出了会心一笑。在国内国外一片谴责声浪中，国民党原定在11月召开的国民大会也被迫宣布延期。

五、血火抗争，壮美诗篇

1945年8月10日，日本外务省向美中英苏四国发出乞降照会，消息在深夜的昆明城中迅速传开，人们纷纷涌上街头，举行游行，放起鞭炮，欢欣鼓舞地表达着自己的心情。此时闻一多远在司家营的文科研究所内，消息闭塞，并没有在第一时间得知这一振奋人心的消息。第二天一大早，长子立鹤与学生王瑶不约而同地赶了一上午的路来向他报告，闻一多听后欢喜地跳了起来，像一个热情的青年一样。他马上来到镇上的小理发馆，把留了八年的长须剃掉，兑现了当初许下的抗战不胜利则不剃须的誓言。

15日，日本天皇宣布无条件投降，艰苦卓绝的八年抗战终于宣告胜利结束。闻一多几天后回到所里，大家看到红光满面、容光焕发的闻一多，纷纷表示祝贺。闻一多自己也如获新生，像年轻了十岁一样。大家庆贺胜利时谈论起建国的前途。有人十分担忧内战发生，闻一多肯定地说："不会的，绝不会的！大家都知道打不得了，还说打呢！"他对国家的前途寄予了最诚挚恳切的希望与信心。但此时，国民党军队约二十万人正大举向解放区进攻，甚至还下令限期攻克延安。和平建国的几率实在是很渺茫，局势不容乐观。李公朴见到他时说："你的胡子是不是剃得早了些？"闻一多回道："那就再把它留起来！"闻一多等207人联名发表了《告国际友人书》，呼吁全世界民主阵线上的朋友们与中国人民携起手来，一起争取团结胜利，并支持中国建立联合政府。这篇文章还深刻地揭发了国民党的种种恶行，在前方丧师辱国，在后方欺压百姓。而且为了欺骗民众和盟友，披上了假民主的外衣，实际却做着罪恶的勾当。

闻一多出席了由联大、云大等三所大学学生自治会举办的"从胜利到和平时事晚会"。会上的气氛很严肃，大家就远东局势走向与中国的未来展开了热烈的讨论。闻一多针对美国派出顾问并给予国民党军经济和军火支持的行为提出强烈的抗议，控诉其支持压迫人民的重庆政府。他义正词严地说道："我们要密切注意着，美国反动派在制造我们的内战……谁在帮助我们内战，在帮助中国反动分子打内战，我们就要反对谁！不管他们有什么原子弹，我们还是要反对！你美国人敢用原子弹杀中国人民，我们不怕！"有同学提问道："假如人家不要联合政府，我们怎么办？"罗隆基说："如果我们所要求的联合政府没有办法实现，我们只有革命！"全场报以热烈的掌声。罗隆基的发言也是闻一多的心声。他不再是处处忍让退缩的小资产阶级知识分子，而转变成了无所畏惧的革命战士。

抗战胜利后，中国究竟会走上哪一条道路成为国际关注的问题。8月13日，毛泽东发表《抗日战争胜利后的时局和我们的方针》，揭示了内战的威胁已经迫在眉睫，国民党意图篡夺胜利果实，其反人民反和平的方针已经确定了。但中共和民盟等党派决不放弃争取和平的希望。他们发出了"和平民主团结"的号召与"民主统一，和平建国"的方针。这些都是广大人民的呼声。在国内国际的压力下，蒋介石不得不玩弄起假和平真内战的伎俩，自14日起，他接连三次电邀毛泽东赴重庆商讨国是。明知重庆凶险异常，毛泽东与周恩来等光明磊落的共产党人不顾个人安危，毅然飞往重庆，进行抗战后的国共第一次和谈。闻一多和善良的民众为这样大义凛然的行为所感动，感受到了中国共产党争取和平的真心实意，同时也很为毛泽东的人身安全担心。

闻一多本来也是可以去重庆参加民盟临时全国代表大会的，但从重庆来的同志深知那里环境太过黑暗，闻一多之前触忌当局的言论太多而且激烈，大家担心他去了以后会遭遇不测，就劝他留在昆明应变。闻一多尽管未能成行，在昆明也一样从来没有停止参加各种表达人民意愿的民主活动。

9月4日，联大刚刚开学不久，就与云大等大学联合文协、报社等机构一起举办了纪念日军投降的盛大晚会。9月2日，日本代表在密苏里号军舰上签署了无条件投降书。为庆祝日本正式投降，各界再次呼吁实现民主政治，因而组织了这次大会，闻一多被推举为大会主持。当时，一位演讲者声音小，特务就趁机活动，怪叫起哄，会场起了骚动，那位先生没办法继续下去。闻一多见状愤怒地站上台，沉痛地呵斥道："是对的站出来，谁不主张这个会的站出来，谁不主张和平民主的站出来！"一阵雷鸣般的掌声后，场间立刻安静下来。他接着说："偷偷摸摸的不算得中国人，不配做中国人，是对的站出来！"台下再次报以热烈的掌声，人民随之怒吼道："站出来！是对的站出来！"他拿着扩音器，像拿着武器一样，一面讲，一面狠狠地摇动着。他最后高喊："谁不要人民，人民就不要谁！"全场为了这两句话沸腾起来，狂热的鼓掌持续了好几分钟。

然而特务的行径越来越嚣张了，他们将魔掌伸向了文化界人士。《扫荡报》的几位编辑被国民党军委会视作《新华日报》在昆明的喉舌，一直欲除之而后快。军统秘密拘捕了杨人鸿等进步人士与地下党员，闻一多得知后迅速展开了营救活动。大家分析后决定争取龙云的力量，将四位受害者的问题放在同一篇文章中，以增强感染力。闻一多连声道："对！对！大家都说军统无法无天，白昼绑架，四个记者同时失踪，我们就用四记者失踪的提法来营救杨人鸿！我们不理军统，只向龙云要人，把他请进来跟我们一致行动。"于是，闻一多等文化界人士向龙云提交了一封信和一份名单，要求他保障安全。龙云还不知此事，闻一多就向他说明了军统特务蹂躏人权，还在龙云统治的昆明内肆意横行，是对他的蔑视，有嫁祸云南地方政府的恶意。此事发生后人人自危，闻一多要求龙云用他的权威救出记者。龙云一听之下勃然大怒，立刻命令他的特务系统四处搜索，并严令军统放人。最终营救活动圆满成功。闻一多在其中起到了重要作用。

出版界是宣传的阵地，人民周报社、自由论坛社、大路周刊社等商定要联合起来复刊，以更有力的姿态出现，更好地反映人民的呼声。闻一多也参与了筹备工作。然而就在此时，自由论坛社的社长郭相卿在国民党的威逼利诱下屈服了，刊登启事称《自由论坛》与民主杂志无关，还将潘光旦排挤出编委会。为揭露这一阴谋，闻一多等社中成员紧急开会，将其开除，不过因为他是青年，对他尚且宽容。郭相卿也表示了悔过。谁料此人反复无常、叛师卖友、变本加厉，又刊登非法启事捏造事实，反唇相讥。闻一多等人深感不能令此等宵小嚣张，于是决议开除其社籍并追究其以社务委员名义募集的款项，同时宣布解散自由论坛社。为反击反动派的阴谋，由闻一多代表民主周刊社出面，联合了十余家新闻出版媒体，在25日成立了昆明出版界联谊会筹备会。这个联谊会致力于争取文化自由，为建立民主新中国和发扬民主文化而努力。

除此之外，闻一多和吴晗还决定办一个为中间色彩的教授们提供发言机会的杂志。他们邀请了一些青年教师，组成《时代评论》周刊编委会。办刊物需要钱，闻吴二人就从民盟等各个渠道筹来50万元。为了能让这个刊物团结更多的知识分子，闻一多不主张打游击一样出一两期就停刊的办法，而是要用合法的办法登记，不过不能等，要一边办手续一边准备出报，造成既定事实再说。内容方面，为了要多让中间的人说话，开始要稍微稳重一些，要不然会把老好先生吓跑，他们也是难得的人才，应该尽量争取、团结爱护他们。为了从速办理登记，闻一多自告奋勇，在夜里赶刻了一枚社章。两星期前，吴晗买到一方旧石，一边刻有双鱼，拿给闻一多看，两人都很喜欢。闻一多连声夸他眼力不错，问他愿意刻什么。吴晗也爽快，说闻一多怎么喜欢就怎么刻。时代评论社成立后要一个公章，闻一多就连带吴晗捐献出这块石头。这天早上刻完后，他兴冲冲地来找吴晗，让他看这件得意的艺术品，吴晗看后觉得好极了，也很高兴，不过他很疑惑，昨晚枪炮声那么响、那么密，闻一多是怎么静下心的呢？闻一多答道："管他呢！我今天高兴做我自己的事情！"

中国共产党经过四十多天的谈判，迫使蒋介石签订了《国共两党会谈纪要》，又称"双十协定"。其中确认了坚持"和平建国"的方针，要坚决避免内战，并以和平民主团结统一为基础，建立独立自由和富强的新中国。但蒋介石哪里会甘心遵守协定，他一面加紧准备对解放区的进攻，一面加强对国统区的法西斯专制。他一直对龙云暗中支持民主运动心怀不满，趁日本投降之机，调离了龙云的主力部队。10月3日，国民党军嫡系部队对龙云发起突然袭击，经过五昼夜的激战，他的警卫部队全部被缴械，他只好被迫离开昆明去往重庆。蒋介石终于控制了大后方的昆明，他改组云南省政府，安插自己的亲信。这时的昆明，形势发生剧烈的变化，已经陷入了白色恐怖中。华岗等共产党人离开昆明前特意嘱咐闻一多，为了扩大影响和个人安全，今后行动要谨慎，适当减少公开露面，多在下面做工作，团结争取大多数人，注意保存力量。这样对斗争更有利。闻一多特别将这句话记在心上，完全同意这种意见，但是，面对越来越猖狂的反动派，他怎能克制住心中的怒火呢？

　　11月，国民党撕毁双十协定，调动八十万军队进攻解放区，中国共产党号召"全国人民动员起来，用一切办法制止内战"。23日，昆明学生联合会筹备召开反对内战时事晚会，贴出海报，定于25日在云大礼堂开会，并邀请闻一多等教授讲演，闻一多对青年同学们说："你们过去领导过我，今天我更要追随你们。"同学们表示是自己在追随闻先生，但是他坚决地摇摇头说："不！我经常从你们那里得到热情、活力和支持，甚至是以前所隔绝的智识。在同你们来往后，我才开始读《鲁迅全集》、田间艾青和马耶可夫斯基的诗、联共党史、新民主主义等一系列问题啊！"24日，新上任的代理省政府主席李宗黄决定禁止集会，还逼迫云大以维修礼堂为名拒绝出借会场。同学们义愤填膺，执意对着干。闻一多知道不能与毫无人性的国民党军队硬拼，而要保护好斗争的青年，因此极力主张将会场改在

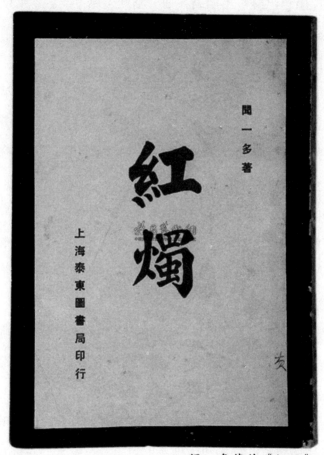

闻一多著作《红烛》

联大图书馆前的草坪，用校内集会的名义举行。他表示如果有任何问题，都会帮助解决。为了避开当局的锋芒，闻一多做出让步，提出自己最好不出席，而吴晗则出席不发言。他的确是比以前成熟老练多了。

25日晚，讲演会如期举行，不料，大会刚刚开始，军警就包围了联大，枪声不绝于耳。之后，电线被特务割断，墙外手枪、机关枪之声四起，子弹就从人们的头顶掠过。人们并不受影响，继续点起煤油灯镇定地听讲。费孝通大呼："不但在黑夜中我们要呼吁和平，在枪声中我们还是要呼吁和平！"然而大批军警如此嚣张，出于安全考虑，大会提前结束，但外校同学刚出校门就遭阻击，交通被阻断，只好折回联大，在寒冬的夜里挨饿受冻。为抗议国民党破坏民主集会，四大学学生自治会当晚决议联合罢课。

此时闻一多因为不便出席，正在探望病中的朋友，他们谈论到当局贪污腐化与特务横行的卑劣行径，只觉得悲凉而愤怒。晚些时候。从学校传来一阵密集的枪声，大家都没料到是当局在镇压学生集会。闻一多产生了不好的预感，临走时说："如果说他们可以毫无理由地杀害青年，杀害那些对他们毫无危险的青年，仅仅因为青年是国家的财富和力量，那么他们就完全有理由杀害学者，因为学者们早已被榨干了油水，精力也已经消耗殆尽了。"说着，不由得黯然神伤。

次日黎明，闻一多得知了昨晚的暴行，也知道了同学们罢课的消息，他不免为同学们担心。然而，看到《中央日报》刊登的《西郊匪警，黑夜枪声》的消息，他实在忍不住自己的怒火了。这篇新闻颠倒黑白，污蔑昨晚的学生和教授是"匪"，引起大家一致愤怒。云南当局组织了"反罢课委员会"，还派出军警殴打上街宣传的学生。与之对抗，昆明学联成立"中等以上学校罢课联合委员会"，发表了《反对内战及抗议美国武装干涉中国内政告全国同胞书》。同一天，当局召开校长会议，强迫各校复课，任云南警备总司令的关麟征还放出狠话："他们有开会自由，我就有放枪自由"，还对记者公开宣布："以宣传对宣传，以组织对组织，以行动对行动"，明显是要以暴力手段进行到底。

在这种局面中，闻一多想起华岗的告诫，一方面参与起草了对地方军政当局侵害集会自由事件的抗议书，另一方面也动员学生复课。当时同学们正处于愤怒的高潮中，贴了很多坚持罢课与反对教授会的标语，几个出言劝说的教授被学生质问得无言以对。本来没有打算发言的闻一多担忧血气方刚的青年走极端会给他们自己带来伤害，但又怕挫伤同学们的积极性，就出面调和，表示复课是策略问题，不是不干，而是表示罢课已经取得重大成果。之后，教授们就全体离场。

这种师生分歧不利于斗争的开展，当晚，在云南省工委的委派下，一位学生党员来找闻一多，恰巧此时闻一多不在宿舍，吴晗却在。那个学生就与他争论起是否应该复课的问题。

闻一多回来后静静听了一会儿，将吴晗拉到一边，告诉他这个学生是地下党员。早在一二·九运动时，他就掩护过这个学生的哥哥。两人回到屋中，与这位学生进行了真诚恳切的交谈，最后闻一多同意考虑学生的想法。11月30日，中国民盟云南支部发表声明，完全同意学生的正当要求，明确指出："我们认为罢课是正当的唯一的抗议手段。"

　　这一天，特务四处追捕宣传队的学生，情势紧张，为了保存实力，12月1日清晨，"罢委会"贴出布告，暂停外出宣传。然而特务们却没有放下手中的屠刀，反而变本加厉了。就在这一天，震惊中外的"一二·一惨案"发生了。数百名身着制服的武装军人与暴徒有计划地闯入联大、云大、中法大学等五校，肆无忌惮地捣毁校具，殴打师生。在联大新校舍门前，四百余名军人意欲强行闯入，被担任巡逻的同学推出，结果一士兵向墙内投掷手榴弹，被南菁中学教员于再阻止，于再被炸伤头部，不治身亡。联大师范学院里，暴徒从门隙投入两枚手榴弹，李鲁连同学当场身亡；已被炸伤的联大女学生潘琰被闯入的暴徒猛戳三刀，在医院逝世；而昆华工校赶来救援联大同学的年仅17岁的张华昌头部被弹片扎破，也于当天下午离世。在这惨烈的一天里，四位青年牺牲，重伤者十一人，另有五十多人受伤。联大教授也被殴受辱。在行凶的全过程里，这些暴徒始终没有受到任何干涉，显然是在当局的默许下进行的。

　　在联大附中上学的闻立鹤在与歹徒的搏斗中也被打伤腿。

他一瘸一拐走回家时，母亲高真担忧地劝他不要再出去了，他坚决地说："妈妈，我是闻一多的儿子，闻一多的儿子是不能休息的！"

面对这惨绝人寰的单方面大屠杀，闻一多愤怒地说："这次昆明一二·一惨案的暴行，连白色恐怖的资格也不够，简直是黑色恐怖，因为白色在字面的意义上还是纯洁的，一二·一的暴行是太凶残丑恶，卑鄙无耻了！"这血淋淋的事实让人们感受到这是中国历史上黑暗的一天，以前是段祺瑞在执政府前向徒手学生开枪，现在居然是大队官兵用手榴弹和刺刀进攻学校！但同学们并没有被吓到，联大的校门被捣毁了，学生就写下"绝命书"，轮班守卫学校。闻一多不禁泪流满面，他说："我们简直是要发疯，只是没有在街上痛哭。"他与吴晗和罢联的领导人筹备了四烈士的入殓仪式。2日下午，联大图书馆成了临时的灵堂，各界人士从各地赶来，向烈士们表达最深沉的悲哀，人数总计达15万之多。闻一多和儿子立鹏捧着挽联第一批奠祭，上面用小篆写着"民不畏死，如何勿思"。他对儿子激动地说："他们死的多么光荣，一个人像这样死，才是真的光荣啊！"

联大教授们首先电告蒋介石、宋子文，要求他们速派军政大员来昆明调查处理，紧接着成立法律委员会，决心用法律维护师生的利益，但这在反动派的屠杀面前实在是显得太软弱了。联大学生自治会发表《致教师书》，希望老师们可以罢教，这在国民党统治的历史中还从未出现过，教授们对此都很谨慎。闻一多坚决支持学生们，为此做了很多说服工作。4日的教授会上，关于是否应罢教的辩论进行了6个多小时，最终终于通过了"停课七天"的决议。尽管在名义上还是折中的方案，但已经是学生运动中从未有过的胜利。不过闻一多并不以此为满足。他不被教授会所拘束，投入到联大讲师、助教与附校教员罢教的行列中去，以此表示对学生爱国运动的支持。他还曾多次到罢委会看望同学，进门时总是蹑手蹑足，生怕打扰了同学的工作，只要有同学抬头看他，他就像一个小学生或一个同志般先给同学打招呼，这种热情和亲切让大家很受感动，永志不忘。

4日，惨案的幕后黑手李宗黄和关麟征假惺惺地开始一场"公审"，用几个替罪羊把暴行的性质扭转成所谓的孤立案件。联大教授会与罢委会都拒绝出席这种掩耳盗铃的假把戏，更向外界明确指出事件应由李、关二人负全责、

此时，蒋介石为了迅速稳定秩序，在与美国的谈判中多加一点筹码，发表了《告昆明教育界书》，他一面自称要"维护教育保持纪纲"，另一方面又称一切问题要"以恢复课业为前提"，而且威胁道，如果不复课就要镇压，甚至要解散联大。他还派出傅斯年来联大"安定秩序"。傅斯年召开教授会，完全站在政府的立场上要求学生先复课，闻一多听后拍案而起，针锋相对："军队随意放枪，特务到处打人，这样的秩序安定吗？就是

因为秩序不安定，学生才被迫出来抗争的，这里有四具尸体为证，我们看得一清二楚。"傅斯年无话可说，只好气得大骂："有特殊党派的滚出去！"

此时，全国声援一二·一的抗议悼念活动此起彼伏，形成了一个民主运动高潮。当局迫于舆论，只好将关麟征"停职议处"，随后将所谓的凶手枪毙以堵众人之口。对联大负责的梅贻琦此时承受着巨大的压力，因为他接到重庆密电，如果15日后还不复课，就将解散联大。教授们得知此事后出现分化，大多数人主张支持复课。于是学校常委会召集学生代表谈话，指出复课关系到学校前途，劝同学们支持学校工作。但在规定的复课日期却没有同学走入教室。梅贻琦见后很是灰心，于是提出辞职，此后又有二十多人提出辞职。闻一多很不赞成这种无奈和泄愤式的辞职。当时，中国共产党很希望能争取到主张学术自由、同情学生的梅贻琦的支持，闻一多毫不犹豫地承担了劝说的任务。在这天，闻一多来到梅贻琦家，以学生和老友的身份与他长谈5小时。闻一多很客观地说明了罢课是不得已而为之的行为，而且学生是有大局观念的，只要他们的合理要求得到满足，他们就会复课。他还以自己的亲身经历劝梅贻琦身为师长，应该为学生们说句公道话。梅贻琦听后很受感动，于是决定举办记者招待会公开惨案真相。他还召开教授会，起草了《告同学书》，虽然没有放弃劝同学们复课，但表示了教授们呼吁政府对此次事变负责的首脑予以撤职的决心。之后，教授会又通过了法律委员会的《告诉状》,向重庆地方法院与国民政府军事委员会控告李、关等人。最终,李宗黄不得不在一片骂声中离开昆明,一二·一运动宣告初步成功。这个胜利离不开闻一多在教授中反复做思想工作,他起到了连接学生与教授的桥梁作用,功莫大焉。

1946年1月10日,全国政治协商会议在重庆开幕,民盟邀请了34位各界权威组成了政协顾问团,闻一多被列入教育文化组。这次会议代表了人民争取民主的心愿,闻一多为此不遗余力地奔走呼告,在昆明尽到了自己顾问的职责。

当时,马歇尔受美国总统杜鲁门的委派,来到中国"调停内部纠纷"。闻一多、吴晗、潘光旦与费孝通联名发表了《致马歇尔特使书》,因为国民党对美国的意见很是看重,四位学者想通过呼吁美国制止内战来为中国的前途带来一线和平生机。在这封近似备忘录的长信中,他们分析了目前中国军队私有、特权垄断等问题带来人权无保障、经济混乱的局面,因此,"最主要的问题是怎样建立民主政治中心的民意立法机关"。要改选国民大会并改组政府,这些都希望能得到国际友人在政治与经济上的助力。尽管他们对美国还抱有一丝幻想,但这争取国际援助的热切爱国之情是值得尊敬的。

蒋介石在政协开幕式上致辞表示要释放政治犯,然而就在第三天,被捕七月多的著名记者羊枣在集中营"突患急病死去",引起了全国舆论的愤慨。闻一多与吴晗等人联名发表了

《释放政治犯再也不能拖延了——兼为羊枣先生的暴死集中营控诉》。文中担忧地指出，羊枣的离世，"告诉了全中国以至全世界人民，谁是中国法西斯的祸首，他的死，又一次有力地暴露了国民党一党独裁和特务制度的罪恶"。而如果羊枣的死因可以轻描淡写地被忽略，"那恐怕受尽特务迫害虐待的三十余万政治犯，会在释放之前，通通在集中营'突患急病'死光了！"他高呼道："全中国爱民主爱自由的人民，会不惜以鲜血洗涤着大地底腥膻的！"

同一天，闻一多还在《昆明教育界致政治协商会议代电》上庄重地签上了自己的名字。其中提醒政协代表们在政协会议结束前与组成联合政府两个阶段应该做的事情。这些关于停止军事冲突、取消特务组织、缩编军队、改组机构的要求无一例外是针对国民党企图偷梁换柱的"扩大政府组织方案"，反动派们是不肯放弃自己的特权而改组政府的。这些反抗的呼声让他们阵脚大乱，为了进一步钳制舆论，避免发出不利统治的声音，当局就暗中采取釜底抽薪的毒计，派人警告印刷厂，勒令他们停止排印"反动"内容，否则"对你们不利"。因此，闻一多任编委的《时代评论》与《民主周刊》的稿件就无法印刷。对于这种卑劣而不负责任的阴谋，各个报社联合发表了《为横遭阴谋破坏敬告各界人士书》，揭露了蒋介石明面上宣布保障人民自由，实际却做着破坏民主的勾当。他们要团结起来，"绝不停刊，并誓死力争言论出版印刷之自由"。闻一多此时正奔波在几家印刷厂之间，一旦违反禁令继续出版，就会立即被拘禁，他身后一直有特务跟踪，但他毫不在意，还打趣道："世界上最尴尬的事情莫过于知道自己被别人盯梢，因为它会使你产生一种极为有害的错觉，误以为自己是个举足轻重的大人物。"他虽然幽默地笑了，但心中确是很沉重的，常常感慨："如果我们的政府部门中能有哪怕是一个好人，或者少一个坏蛋，情况就会好得多。"

1月31日，政协闭幕。在中共与民盟的努力下，会议通过了五项决议，涵盖了政治经济军事等多方面，反映了人民的呼声，如果能够照着决议做下去，那么就是向新民主主义的方向发展，中国的未来就有希望。闻一多看到民主政治有实现的希望，就打算再回到书斋进行他的学术研究。他还向梅贻琦提出辞去清华中文系主任一职。因为不愿因自己的政治倾向而连累学校，也是因为他以为中国即将走向光明，就要将踏在门外的脚收回，留个窗户时常向外看看就可以了。不过反动派的猖狂的行径令他不能再回去安坐。2月10日，重庆发生"二一〇"惨案。这天二十多个团体联合各界发起庆祝政协成功的大会。然而，大会还未开始，就有暴徒强占主席台，夺走扩音器并殴打郭沫若、李公朴等人。消息传来，闻一多极为愤怒，立刻致信慰问受伤的郭、李二人。国民政府不仅不知收敛，反而还在一周后任命了一二·一惨案幕后主使李宗黄新职务。为了抗议重庆二一〇惨案并严惩一二·一惨案的祸首，闻一多毅然作为主席参加了昆明各界举办的大会。他作报告表示重庆的惨案与昆明的血案一样，"象征反动派势力垂死的挣扎"，他还号召："我们要击破这反动势力，我们有击破这反动势力的信心。反动势力的期限绝不会长久！"会上，在一二·一惨案中被炸伤锯去一条腿的联大学生缪祥烈也被人们拥上讲台做了即兴发言。此时有人提议游行，获得全场热烈鼓掌欢呼通过。下午4点半，游行队伍从联大出发，大家自动排成四人一行，高呼口号走入城内。群众夹道欢迎报以热烈掌声。闻一多和教授们走在最前列，他精神抖擞地对同学们说："重庆的人在校场口开会，特务都捣乱，我们游行，特务倒不敢来了，特务哪里去了！"大家怒吼道："他们跑了，怕了，不敢动了！""为什么他们不敢动——因为我们团结，有组织。"无数的声音喊着："对！对！"他兴奋地接着说："我们要更团结，更有组织，大家跟我喊几句口号……"紧接着，"昆明青年团结起来！"、"全国人民团结起来！"、"新中国万岁，万岁万万岁！"的呼喊如雷声一般响彻昆明街头。

5月4日，联大举行了结业典礼，西南联大的历史光荣结束，同学们从这天起分批北上。这一天也是五四运动的27周年纪念日，闻一多应学联之邀，参加了"青年运动检讨会"。此时的闻一多经历了无数次历练与考验，已经愈发成熟冷静了。他殷殷告诫同学们："青年运动之转化为有组织的政治斗争，也正是青年运动的必然发展。"他希望学生们能够参加政党，今天的青年，应该用更坚决的意志与更高度的热诚，投身到应当投向的政治团体，完成时代赋予的使命。"我们应认清历史规律，接受历史教训，大胆投向政治。"他还特意指出："我是民盟的，我不卖膏药，不劝你们参加民盟。"那么，闻一多心中的政治团体，很明显指的就是朝气蓬勃的中国共产党了。他此时已经深刻认识到只有有一个坚强有力的革命政党作为核心，才能领导人民进行不懈的斗争，才能走向革命的胜利。闻一多终于完成了思想的根本转变。在劝勉青年的同时，他也时刻督促着自己，对于回到北平后的种种新生活，他展开过无数的想象。当时，他还收到了美国加州大学的邀请函，但为了留在国内进行民主工作，他拒绝了优厚的俸禄，选择留在"是非之地"，继续自己的斗争。

此时的昆明，的确是笼罩在白色恐怖的氛围中，局势愈发艰难了。大街小巷里出现了咒骂民主运动的标语和壁报，对闻一多和吴晗等人进行人身攻击，无耻造谣的同时竟然公开悬赏四十万元收买闻一多的头颅。闻一多知道后只是轻蔑一笑，并不在意。国民党宪兵十三团驻扎城内，更是增添了紧张的气氛。有传言说学生一走，反动派就要下手了。有人好几次催他早点离开，担心地劝他说："局势这么紧张，大家都走了，你要多加小心才是。"他从容地回答："要斗争就会有人倒下去，一个人倒下去，千万人就会站起来！形势愈紧张，我们愈应该把责任担起来。"他还表示："即使万一发生意外，我也是死而无憾的。"

在这种情况下，闻一多想让家人先回北平。闻家人口多，机票又难买，只好分批走，儿子立鹏与立雕先行飞到重庆，等待全家到齐后再飞北平。当时两个儿子以为只不过是短暂的分离，谁承想，这一别竟成为一家人的永诀。闻一多自己此时在昆明，并没有放松民主活动，相反更加忙碌了。云南第一八四师在东北内战前线宣布起义，他第一时间发表了《对国内目前形势的五项意见》，还致函官兵，赞扬他们继承并发扬了滇军拥护中国民主共和的传统，是"第二次护国起义"。

国共发布东北停战令后不久，就在大家都期盼局势缓和之时，蒋介石组织军队大举向中原解放区进攻。为了反对内战，向两党表示人民的态度，闻一多主持了呼吁和平的万人大签名运动。他为了整理签名，用放大镜伏案工作，逐字辨识，用了整整一天。闻一多润色并定稿了致蒋介石与毛泽东的电文，同时呼吁全昆明市的人民加入到签名活动中。他乐观地号召："起来！全昆明市的人们！如果能把大家的力量汇成海潮一般的怒吼，它是会淹没好战分子的阴谋，和挽回中华民族的浩劫的！"

闻一多没料到，反动派的黑枪，竟来得如此快、如此卑鄙。7月11日，联大最后一批同学离开昆明，就在当晚，民主战士李公朴惨遭毒手，被特务枪杀。闻一多深夜得知消息，不顾自己正在高烧，执意要去医院探望，妻子和报信的青年担心夜晚会出意外，极力劝阻。他虽然没有出门，却在房间忧心如焚地走来走去，一夜再未上床。第二天清晨五点，他就火急火燎地赶到医院，李公朴已经永远地闭上了双眼。闻一多抚着朋友的尸身痛哭，一边流泪一边说："这仇是要报的！公朴没有死！公朴没有死！公朴永远没有死！"他从医院出来，没有片刻休息，立即与同仁们开会、拍电报、起草抗议与宣言，派人去印刷厂，组织治丧委员会。特务散播谣言，称李公朴是被共产党派来的艾思奇杀害的，甚至还编造出所谓的"桃色案件"，侮辱死者。闻一多见后怒不可遏，在发表声明时，坚决将矛头指向国民党反动派，与那些主张措辞温和的调和派形成了鲜明的对比。他在这样的白色恐怖下仍然坚持着自己的原则。他愤怒地指出："这是反动派向人民进攻的证据！这是反动派不要民主和平的证据！……全中国要求民主和平的人民是杀不完杀不绝的！人民应该牢记着这笔血债，应该为你们自己的战士索还这笔血债！"

就在此时，社会上又传出消息，说第二个暗杀目标就是闻一多。有朋友来告，称云南警备司令已经接到南京密令，确定的首批暗杀名单上闻一多赫然在列，嘱咐他少出门，低调行事。但闻一多毫无惧色地说："死，并不可怕"，"假如因为反动派的一枪，就都畏缩不前，放下民主工作，以后谁还愿意参加民主运动，谁还信赖为民主工作的人？"恐怖已经降临在闻一多居住的联大宿舍附近。一些特务明目张胆地问闻一多的相貌，甚至直接朝屋子里闯。还有一个女特务装疯卖傻，常来威胁恐吓，她说"多是两个夕字，夕是太阳快落山了"，还留下恐吓信，里面充满了"有很严重的惨杀在不多的一日要发现"之类的胡言乱语。妻子高真本来心脏就不好，经受连番刺激更是病得厉害。她恳求闻一多不要再往外面跑了，万一出了什么事情，这一大家人不知怎么办才好。闻一多沉默了半天才说道："现在好比是一只船，在大海里遇到了狂风恶浪，越在这种时候，越要把住舵，才能转危为安。"

7月15日上午，李公朴治丧委员会举行了李公朴殉难过程报告会。很多人都劝闻一多不要参加，保证自己的安全。但闻一多执意要去，他已经抱定了跨出门就不准备再跨回来的决心。他用只出席不讲话为条件，同仁们才允许他参加。为了保障安全，民盟还派了一位青年来接他到会场。在特务的跟踪之下，两人走到一条僻静的小巷时，闻一多不容置疑地对那个青年说离远一点，不要和他并排。他担心青年会同遭毒手，但这位青年固执地要保护他，坚决护在他身后。两人走到人流较多的大路上，特务见无法得手，这才悻悻离去。

来到会场，李公朴的夫人张曼筠抱病讲述了李公朴遇害的经过。讲到悲痛处，她声泪俱下，哽咽难以继续，混进会场的特务竟趁机起哄，扰乱秩序。闻一多扶着张曼筠坐下，再也按捺不住胸中的怒火，即兴发表了气壮山河的人生中最后一次讲演。

他厉声质问道："今天，这里有没有特务？你站出来！是好汉的站出来！你出来讲！凭什么要杀死李先生？杀死了人，又不敢承认，还要诬蔑人，说什么"桃色事件"，说什么共产党杀共产党，无耻啊！无耻啊！"特务被震慑住，不敢再作乱，会场安静下来。

闻一多话锋一转："这是某集团的无耻，恰是李先生的光荣！李先生在昆明被暗杀，是李先生留给昆明的光荣！也是昆明人的光荣！我们有这个信心：人民的力量是要胜利的，真理是永远要胜利的，真理是永远存在的。历史上没有一个反人民的势力不被人民毁灭的！希特勒，墨索里尼，不都在人民之前倒下去了吗？翻开历史看看，你们还站得住几天！你们完了，快了！快完了！我们的光明就要出现了。我们看，光明就在我们眼前，而现在正是黎明之前那个最黑暗的时候。我们有力量打破这个黑暗，争到光明！我们光明，恰是反动派的末日！反动派，你看见一个倒下去，可也看得见千百个继起的！"

大家都为闻一多热烈的演讲所感染，受到了无穷的鼓舞，情不自禁地拼命鼓起掌来。

闻一多静了一静，镇定了一下情绪，最后高呼道：

"正义是杀不完的，因为真理永远存在！"

"历史赋予昆明的任务是争取民主和平，我们昆明的青年必须完成这任务！"

"我们不怕死，我们有牺牲的精神！我们随时像李先生一样，前脚跨出大门，后脚就不准备再跨进大门！"

这最后的演讲，是中国人民面对倒行逆施的反动派控诉的最强音，是锋利的匕首与投枪，让罪恶无处躲藏。闻一多视死如归的大无畏革命精神，将永远镌刻在中国革命的光荣史册上。

大会结束后，闻一多在学生的护送下回到家中，妻子儿女见到后都松了一口气，但闻一多还在心中考虑着下午的记者招待会。一点半楚图南来到他家中，两人一起出门。会后，立鹤不放心，总有一种不祥的预感，就前来接父亲回家。为了防止特务将民盟负责人一起杀害，大家分头回家。走到西仓坡时，立鹤稍稍放下了悬着的心，因为还有两三分钟就能到家了。然而，就在距离家门只有数十步的地方，几个暗伏的特务突然冲出，一齐向他们射击。疯狂的子弹打在闻一多身上，他头部就中了三枪，身上更是血流如注，瞬间倒了下去。立鹤看到父亲中枪，奋不顾身地扑上去掩护，拼尽全力大喊"凶手杀人了，救命！"特务又向他射来罪恶的子弹，他被打到一边，身中五枪，其中一枪距离心脏仅有半寸。

听到枪声喊声，高真和女儿冲出家门，见到的就是惨不忍睹的血腥场景，父子二人倒在血泊中生死未卜，气息奄奄，凶手已经扬长而去。大家赶紧抬来担架叫来洋车，将二人送往医院。鲜血浸透了行军床，慢慢渗出来，一滴滴在路上留下触目惊心的血痕。到了医院后，医生翻看了闻一多的眼皮，摇摇头说："不行了。"大家像一盆冰水浇在身上，呆若木鸡地站在那里。立鹤则幸运地被抢救回来，不过伤势十分严重。他断断续续地说："要报仇！爸牺牲了，要报仇！……"闻者无不落泪。

年仅四十七岁的闻一多，就这样静静地离开了他为之争取光明的人世，离开了挚爱的师友学生，离开了他奉献终身的爱国事业，他也是清华历史上第一个因为政治原因被害的教授。他虽然牺牲了，却激起了全国人民的深切悲哀和对国民党的怒火，一场大规模的抗议浪潮席卷全国，大家都感到无限痛苦和仇恨。毛泽东与朱德以及在南京参加国共和谈的中共代表团特意发来唁电，向高真致以慰问，表达了继承闻一多遗志，务必完成民主事业的决心。周恩来也举办记者招待会提出严正抗议，表示"这些问题的严重性不亚于内战"，斥责国民党政府"无耻卑鄙之至"。中国民主同盟的怒火更是熊熊燃烧，民盟中央主席张澜等人为此电告蒋介石，表示了同人们决不妥协的坚强意愿。闻一多曾为之呼喊的人们也站了出来，反抗国民党的暴行。郭沫若、茅盾、巴金、田汉等人还致电联合国人权委员会，揭露反动派的法西斯行径，请其派遣一个调查团来华。美国和加拿大两国六千余名牧师也在《文汇报》上表达了自己的哀悼，他们表示："每一个正直的美国人，都为贵国民主领袖的被杀害，深深感到震骇。……这一巨大阴谋，不仅是反对中国人民，并且反对全世界人民。"哈佛大学、纽约大学与哥伦比亚大学的教授们也联名致电政府和总统，要求美国政府停止援助国民党政府，并称："这种出于若干反动分子的残酷行为，刺痛了中美两国思想自由的公民良心，这刻画出中国局势在迅速地恶化，美国也被深深地卷入了。"

蒋介石迫于舆论，只好弃卒保车，枪毙几个小特务以平息事态。全国人民同仇敌忾，戳穿了这一阴谋，强烈要求严惩真凶。梁漱溟等人严正指出："我们今天要做的，绝不在枪毙几个大小特务，为李闻二先生抵命，乃在正视国民党特务机关在政治上的罪恶，而取消特务机关。"为了寄托哀思，全国各地都举行了隆重的追悼会。昆明、延安、重庆、成都、上海都举行了声势浩大的数千人集会，人们用挽联和题词表达自己对李闻二位烈士的敬仰与哀痛。毛泽东与朱德的挽幛上书："为保卫政协争取和平民主而牺牲的斗士精神不死！"海外的侨胞也加入进来，在新加坡与马来西亚等地都隆重地召开了大会。陈嘉庚献上的挽联上写着"烈士之血，民主之花"，歌颂着烈士们的无畏英灵，控诉着反动派的独裁恶行。

　　高真为了实现丈夫生前的遗愿，带着孩子们毅然投向了解放区。新中国的曙光很快降临了，闻一多生前没有完成的民主自由事业，终于迎来了胜利，他可以安然瞑目了！

延伸阅读

《女神》之时代精神

若讲新诗，郭沫若君底诗才配称新呢，不独艺术上他的作品与旧诗词相去最远，最要紧的是他的精神完全是时代的精神——二十世纪底时代的精神。有人讲文艺作品是时代底产儿。《女神》真不愧为时代的一个肖子。

（一）二十世纪是个动的世纪。这种的精神映射于《女神》中最为明显。《笔立山头展望》最是一个好例——

大都会底脉搏呀！
生底鼓动呀！
打着在，吹着在，叫着在，……
喷着在，飞着在，跳着在……

四面的天郊烟幕蒙笼了！

我的心脏呀，快要跳出口来了！

哦哦，山岳的波涛，瓦屋的波涛，涌着在，涌着在，涌着在，涌着在呀！

万籁共鸣的symphony，

自然与人生底婚礼呀！

……

　　恐怕没有别的东西比火车底飞跑同轮船底鼓进（阅《新生》与《笔立山头展望》）再能叫出郭君心里那种压不平的活动之欲罢？再看这一段供招——

　　今天天气甚好，火车在青翠的田畴中急行，好像个勇猛沈毅的少年向着希望弥满的前途努力奋迈的一般。飞！飞！一切青翠的生命，灿烂的光波在我们眼前飞舞。飞！飞！飞！我的"自我"融化在这个磅礴雄浑的Rhythm中去了！我同火车全体，大自然全体，完全合而为一了！我凭着车窗望着旋回飞舞着的自然，听着车轮鞬轱的进行调，痛快！痛快！……

　　　　　　　　——《与宗白华书》（《三叶集》一三八）

　　这种动的本能是近代文明一切的事业之母，他是近代文明之细胞核。郭沫若的这种特质使他根本上异于我国往古之诗人。比之陶潜之——"结庐在人境，而无车马喧。"一则极端之动，一则极端之静，静到——"心远地自偏。"隐遁遂成一个赘疣的手续了，——于是白居易可以高唱着——"大隐隐朝市。"苏轼也可以笑那——"北山猿鹤漫移文"了。

（二）二十世纪是个反抗的世纪。"自由"的伸张给了我们一个对待威权的利器，因此革命流血成了现代文明的一个特色了。《女神》中这种精神更了如指掌。只看《匪徒颂》里的一些。——

一切……革命底匪徒们呀！

万岁！万岁！万岁！

那是何等激越的精神，直要骇得金脸的尊者在宝座上发抖了哦。《胜利的死》真是血与泪的结晶；拜轮，康沫尔底灵火又在我们的诗人的胸中烧着了！

你暗淡无光的月轮哟！我希望我们这阴莽莽的地球，在这一刹那间，早早同你一样冰化！

啊！这又是何等地疾愤！何等地哀！何等地沉痛！——

汪洋的大海正在唱着他悲壮的哀歌，穹窿无际的青天已经哭红了他的脸面，

远远的西方，太阳沉没了！——

悲壮的死哟！金光灿烂的死哟！凯旋同等的死哟！胜利的死哟！

兼爱无私的死神！我感谢你哟！你把我敬爱无暨的马克司威尼早早救了！

自由的战士，马克司威尼，你表示出我们人类意志的权威如此伟大！

我感谢你呀！赞美你呀！"自由"从此不死了！

夜幕闭了后的月轮哟！何等光明呀！

（三）《女神》底诗人本是一位医学专家。《女神》里富于科学底成分也是无足怪的。况且真艺术与真科学是携手进行的呢。然而这里又可以见出《女神》里的近代精神了。略微举几个例——

你去，去寻那与我的振动数相同的人；

你去，去寻那与我的燃烧点相等的人。

——《序诗》

否，否。不然！是地球在自转，公转，

——《金字塔》

我是X光线底光，我是全宇宙的energy的总量！

　　　　　　　　　　　　　　　　——《天狗》

我想我的前身，

原本是有用的栋梁，

我活埋在地底多年，

到今朝才得重见天光。

　　　　　　　　　　　　　　——《炉中煤》

你暗淡无光的月轮哟！……早早同你一样冰化！

　　　　　　　　　　　　——《胜利的死》

至于这些句子像——

我要把我的声带唱破，

　　　　　　　　——《梅花树下醉歌》

我的一枝枝的神经纤维在身中战栗，

　　　　　　　　——《夜步十里松原》

　　还有散见于集中的许多人体上的名词如脑筋，脊髓，血液，呼吸，……更完完全全的是一个西洋的doctor的口吻了。上举各例还不过诗中所运用之科学知识，见于形式上的。至于那讴歌机械底地方更当发源于一种内在的科学精神。在我们的诗人底眼里，轮船底烟筒开着了黑色的牡丹"近代文明底严母"，太阳是亚波罗坐的摩托车前的明灯；诗人底心同太阳是"一座公司底电灯"；云日更迭的掩映是同探海灯转着一样；火车底飞跑同于"勇猛沉毅的少年"之努力，在他眼里机械已不是一些无生的物具，是有意识的生机如同人神一样。机械的丑恶性已被忽略了；在幻象同感情魔术之下他已穿上美丽的衣裳了呢。

这种技俩恐怕非一个以科学家兼诗人者不办。因为先要解透了科学，新近了科学，跟他有了同情，然后才能驯服他于艺术底指挥之下。

（四）科学的发达使交通底器械将全世界人类底相互关系捆得更紧了。因有史以来世界之大同的色彩没有象今日这样鲜明的。郭沫若底《晨安》便是这种cosmopolitanism底证据了。《匪徒颂》也有同样的原质，但不是那样明显。即如《女神》全集中所用的方言也就有四种了。他所称引的民族，有黄人，有白人，还有"有火一样的心肠"的黑奴。他所运用的地名散满于亚美欧非四大洲。原来这种在西洋文学里不算什么。但同我们的新文学比起来，才见得是个稀少的原质，同我们的旧文学比起来更不用讲是破天荒了。啊！诗人不肯限于国界，却要做世界底一员了；他遂喊道——

晨安！梳人灵魂的晨风呀！

晨风呀！你请把我的声音传到四方去罢！

——《晨安》

（五）物质文明底结果便是绝望与消极。然而人类的灵魂究竟没有死，在这绝望与消极之中又时时忘不了一种挣扎抖擞底动作。二十世纪是个悲哀与奋兴底世纪。二十世纪是黑暗的世界，但这黑暗是先导黎明的黑暗。二十世纪是死的世界，但这死是预言更生的死。这样便是二十世纪，尤其是二十世纪底中国。

流不尽的眼泪，

洗不净的污浊，

浇不熄的情炎，

荡不去的羞辱。

——《凤凰涅槃》

不是这位诗人独有的，乃是有生之伦，尤其是青年们所同有的。但别处的青年虽一样地富有眼泪，污浊，情炎，羞辱，恐怕他们自己觉得并不十分真切。只有现在的中国青年——"五四"后之中国青年，他们的烦恼悲哀真像火一样烧着，潮一样涌着，他们觉得这"冷如铁"，"黑暗如漆"，"腥秽如血"的宇宙真一秒钟也羁留不得了。他们厌这世界，也厌他们自己。于是急躁者归于自杀，忍耐者力图革新。革新者又觉得意志总敌不住冲动，则抖擞起来，又跌倒下去了。但是他们太溺爱生活了，爱他的甜处，也爱他的辣处。他们决不肯脱逃，也不降服。他们的心里只塞满了叫不出的苦，喊不尽的哀。他们的心快塞破了，忽地一人用海涛底音调，雷霆底声响替他们全盘唱出来了。这个人便是郭沫若，他所唱的就是《女神》。难怪个个中国青年读《女神》没有不椎膺顿足同《湘累》里的屈原同声叫道——

　　哦，好悲切的歌词！唱得我也流起泪来了。
　　流罢！流罢！我生命底泉水呀！你一流出来，
　　好像把我全身底烈火都浇息了的一样。
　　……你这不可思议的内在的灵泉，你又把我苏活转来了！

　　啊！现代的青年是血与泪的青年，忏悔与奋兴的青年。《女神》是血与泪的诗，忏悔与奋兴的诗。田汉君在给《女神》之作者的信讲得对："对其说你有诗才，无宁说你有诗魂，因为你的诗首首都是你的血，你的泪，你的自叙传，你的忏悔录啊！"但是丹穴山上底香木不只焚毁了诗人底旧形体，并连现时一切的青年底形骸都毁掉了。凤凰的涅槃是诗人与一切的青年底涅槃。凤凰不是唱道？——

我们更生了！

一切的一更生了！

一的一切更生了！

我们便是他，他们便是我！

我中也有你，你中也有我！

我便是你，你便是我！

奇怪得很，北社编的《新诗年选》偏取了《死的引诱》作《女神》底代表之一。他们非但不懂读诗，并且不会观人。《女神》的作者岂是那样软弱的消极者吗？

你去！去在我可爱的青年的兄弟姊姊胸中，

把他们的心弦拨动，

把他们的智光点燃罢！

——《序诗》

假若《女神》里尽是《死的引诱》一类的东西，恐怕兄弟姊姊底心弦都被他割断，智光都被他扑灭了呢！

原来蹈恶犯罪是人之常情。人不怕有罪恶，只怕有罪恶而甘于罪恶，那便终古沉沦于死亡之渊里了。人类底价值在能忏悔，能革新。世界底文化亦不过由这一点动机发生的。忏悔是

198

美德中最美的，他是一切的光明底源头，他是尺蠖的灵魂渴求
展伸底表象。

　　唉！泥上的脚印！
　　你好像是我灵魂儿的象征！
　　你自陷了泥涂，
　　你自会受人蹂躏！
　　唉，我的灵魂，你快登上山顶！

——《登临》

　　所以在这里我们的诗人不独喊出人人心中底热情来，而且
喊出人人心中最神圣的一种热情呢！

五四运动的历史法则

大家都知道，近百年来，中国社会是处于一种半封建半殖民地性的状态中。封建的主人地主官僚与殖民国的主人帝国主义，这两个势力之能够同时并存在于我们这里，已经说明了它们之间的一种奇异的关系，一种相反而又相成，相克而又相生的矛盾关系。在剥削人民的共同目的上，它们利害相同，所以能够互相结合，互相维护。同时分赃不匀又使它们利达冲突而不能不互相龃龉。然而它们却不能决裂。因为，他们知道，假如帝国主义独占了中国，任凭它的武器如何锋利，民族的仇恨会梗塞着它的喉头，使它不能下咽，假如封建势力垄断了中国，那又只有加深它自己的崩溃，以致在人民革命势力之前，加速它自己的灭亡。总之，被压迫被榨取的，究竟是"人"，而人是有反抗性的，反抗而团结起来，便是力量，不是民族的力量，便是民主的力量，这些对于帝国主义或封建势力，都是很讨厌的东西。于是他们想好分工合作，让地主官僚出面执行榨取的任务，以缓和民族仇恨。（这是帝国主义借刀杀人！）让帝国主义一手把着枪炮，一手提着钱袋，站在背后保镖，以软化民主势力。（这是地主官僚狗仗人势！）它们是聪明的，因为，虽然它们的欲壑都有着垄断性与排他性，它们却都愿意极力克制这些，彼此互相包容，互相照顾，互相妥协，而相安于——一种近乎均势的状态中。果然，愈是这样，它们的寿命愈长，那就是说，惟其是半封建，半殖民地，中国人民的解放才愈难实现。

可是，帝国主义和封建势力的寿命偏是不能长，而中国人民毕竟非解放不可！基于资本主义国家间内的矛盾，帝国主义对中国的威力大大的受了制约，矛盾尖锐化到某种程度，使它们自相火拼起来，资本主义就得暂时退出中国。资本主义退出了中国，人民的对手便由两个变成一个，这便好办了！只要能让人民和封建势力以一比一的力量来决斗，最后胜利定属于人民。我说最后胜利，因为一上来，封建势力凭了它那优势的据点和优势的武器，确乎来势汹汹，几乎有全盘胜利的把握。但它究竟是过了时的乏货，内部的腐化将逼得它最后必需将据点放弃，武器交出，而归于失败。五四运动及前前后后，便是这个历史事实的具体说明。

一九一四年以前，活动于中国这个政治经济战场上的，是一种三角斗争，包括（一）各个字号的帝国主义，（二）以袁世凯为中心的封建残余势力，以及（三）代表人民力量的市民层民主革命的两股潜伏势力：（甲）国民党政治集团，（乙）北京大学文化集团。那时三个力量中，帝国主义势焰最大，封建势力仅次于帝国主义，政治上代表人民愿望的国民党，几乎是在苟延残喘的状态中保持着一线生机，至于作为的后来文化革命据点的北京大学，在政治意义上，更是无足轻重。但等一九一四年，欧洲诸帝国主义国家内在的矛盾，尖锐化到不能不爆发为第一次世界大战，中国的情形便大变了。欧洲列强，不论是协约国或同盟国，为着忙于上前线进攻，或在后方防守，忽然都退出了中国。欧洲帝国主义退出了，中国社会的本质，便立时由半封建半殖民地，变为约当于百分之九十的封建，百分之十的殖民地（这百分之十的主人，不用说，就是日本）。于是袁世凯和他的集团忽然交了红运，可是袁世凯的红运实在短得可怜，而他的余孽，北洋军阀的红运也不太长。真正走红运的倒是人民，你不记得仅仅距袁氏称帝后四年，督军团解散国会和张勋复辟后二年，向封建势力突击的文化大进军，五四运动便出现了吗？从此中国土地上便不断的涌着波澜日益壮阔的民主怒潮，终于使国民革命军北伐成功，北洋军阀彻底崩溃。这时人民力量不但铲除了军阀，还给刚从欧洲抽身回来的帝国主义吃了不少眼前亏。请注意：帝国主义突然退出，封建势力马上抬头，跟着人民的力量就将它一把抓住，经过一番苦斗，终于将它打倒——这一历史公式，特别在今天，是值得我们深深玩味的！

谁说历史不会重演？虽然在细节上，今天的"五四"不同于二十六年前的"五四"，可是在主要成分上，两个时代几乎完全是一样的。第二次世界大战爆发，欧洲帝国主义退出，于是中国半殖民地的色彩取消了，半封建便一变而为全封建，（请在复古空气和某种隆重礼物的进献中注意筹安会的鬼，还有这群鬼群后的袁世凯的鬼！）现在封建势力正在嚣张的时候，可是，人民也并没有闲着，代表人民愿望，发挥人民精神，唤醒人民力量的政治、文化种种集团也都不缺少，满天乌云，高耸的树梢上已在沙沙发响了，近了，更近了，暴风雨已经来到，一场苦斗是不能避免的。至于最后的胜利，放心吧！有历史给你做保证。

历史重演，而又不完全重演。从二十六年前的"五四"到今天，恰是螺旋式的进展了一周。一切都进步了。今天帝国主义的退出，除了实际活动力量与机构的撤退，还有不平等条约的取消，中国人卖身契的撕毁。这回帝国主义的退出是正式的，至少在法律上，名义上是绝对的，中国第一次，坐上了"列强"的交椅。帝国主义进一步的撤退，是促使或放纵封建势力进一步的伸张的因素，所以随着帝国主义的进步，封建势力也进步了。战争本应使一个国家更加坚强，中国却愈战愈腐化，这是什么缘故？原来腐化便是封建势力的同义语，不是战争，而是封建余毒腐化了中国。今天政治，经济，社会，文化的腐化方面，比二十六年前更变本加厉，是公认的事实。时髦的招牌和近代化的技术，并不能掩饰这些事实。反之，都是加深腐化的有力工具，和保育毒菌的理想温度。然而封建势力的进步，必然带来人民力量的进步，这可分四方面讲。（一）西南大后方市民阶层的民主运动。这无论在认识上，组织上或进行方法上，比起五四时都进步多了，详情此地不能讨论。（二）敌后的民主中国。这个民主的大本营，论成绩和实力，远非五四时代的广东所能比拟，是人人都知道的。（三）封建势力内部的醒觉分子。这部分民主势力，现在还在潜伏期中，一旦爆发，它的作用必然很大。这是五四时代几乎完全没有过的一种势力，今天在昆明，它尤其被一般人所忽略。以上三种力量都是自觉的，另有一种不自觉的，但也许比前三者更强大的力量，那便是（四）大后方水深火热中的农民。虽然他们不懂什么是民主，但是谁逼得他们活不下去，他们是懂得的。五四时代，因帝国主义退出，中国民族工业得以暂时繁荣，一般说来，人民的生活是走上坡路的。今天的情形，不用说，和那时正相反。这情形是政治腐化的结果，而政治腐化的责任，正如上文所说，是不能推在抗战身上的。半个民主的中国不也在抗战吗？而且抗得更多，人民却不饿饭。（还不要忘记那本是中国最贫瘠的区域之一。）原来抗战中我们这大后方，是被人利用了，当作少数人吸血的工具利用了。黑幕已经开始揭露，血债早晚是要还清的，到那时，你自会认识这股力量是如何的强大。

帝国主义的进步，封建势力的进步，结果都只为人民的进步造了机会，为人民的胜利造了机会。不管道路如何曲折，最后胜利永远是属于人民的，二十六年前如此，今天也如此。在"五四"的镜子里，我们看出了历史的法则。

一九四五、四、二七

在鲁迅逝世八周年纪念会上的讲话

有些人死去，尽管闹得十分排场，过了没有几天，就悄悄地随着时间一道消逝了，很快被人遗忘了。有的人死去，尽管生前受到很不公平的待遇，但时间越过的久，形象却越加光辉，他的声名却越来越伟大。我想，我们大家都会同意，鲁迅是经受得住时间考验的一位光辉伟大的人物。因为他对中华民族的文化事业留下了宝贵的遗产。他是中国历史上最伟大的文学家。

鲁迅生前所处的环境异常危险，他是一个被"通缉"的"罪犯"！但是他无所畏惧，本着有一分热，发一分光的精神，他勇敢、坚决地做他自己认为应做的事，在文化战线上打着大旗冲锋陷阵，难怪有的人为什么那么恨他！

鲁迅在日本留学，住在十里洋场的上海，他和洋人，和大官打过不少交道。但他对帝国主义、对买办大亨，对当权人物，没有丝毫的奴颜媚骨，宁可流亡受苦，也不妥协。鲁迅之所以伟大，之所以能写出那么多伟大的作品，和他这种高尚的人格是分不开的，学习鲁迅，我想先得学习他这种高尚的人格。

有人不喜欢鲁迅，也不让别人喜欢，因为嫌他说话讨厌。

所以不准提到鲁迅的名字。也有人不喜欢鲁迅，倒愿意常常提到鲁迅的名字，是为了骂骂鲁迅。因为，据说当时一旦鲁迅回骂就可以出名。现在，也可以对某些人表明自己的"忠诚"。前者可谓之反动，后者只好叫做无耻了。其实，反动和无耻本来就是分不开的。

除了这样两种人，也还有一种自命清高的人，就象我自己这样的一批人。从前我们住在北平，我们有一些自称"京派"的学者先生，看不起鲁迅，说他是"海派"。就是没有跟着骂的人，反正也是不把"海派"放在眼上的。现在我向鲁迅忏悔：鲁迅对，我们错了！当鲁迅受苦受害的时候，我们都正在享福，当时我们如果都有鲁迅那样的骨头，哪怕只有一点，中国也不至于这样了。

骂过鲁迅或者看不起鲁迅的人，应该好好想想，我们自命清高，实际上是做了帮闲帮凶！如今，把国家弄到这步田地，实在感到痛心！现在，不是又有人在说什么闻××在搞政治了，在和搞政治的人来往啦，以为这样就能把人吓住，不敢搞了，不敢来往了。可是时代不同了，我们有了鲁迅这样的好榜样，还怕什么？纪念鲁迅，我想应该正是这样。

闻一多年谱

1899年　出生

11月24日，出生在湖北省蕲水县巴河镇闻家铺。族名家骅，进入清华读书之后改名"多"，后又改为"一多"。

1900年　1岁

生了一场大病。

1904年　5岁

进入私塾读书。

1905年　6岁

进入绵葛轩小学读书，晚上由父亲教导读《汉书》。

1910年　11岁

进入武昌两湖师范附属高等小学读书。

1911年　12岁

武昌起义爆发后，剪去头上的辫子，后跟随家人返回浠水。

1912年　11岁

重新进入民国公校学习。

报考清华，成绩为备取第一名。

冬天参加清华学校复试，以湖北省第一名被录取。

1900年　1岁

寒假开学后被编入甲班，后因英文水平不够留级。

重新读辛酉级中等科一年级。

发起课余补习会，任副会长。

参与独幕剧《革命军》的编剧。

编辑《课余一览》。

1914年　15岁

担任辛酉级主辩手。

参与校外写生团。

1915年　16岁

暑假回浠水老家闭门读书。

11月，被指定为《清华年报》图画副编辑。

12月，演装国会担任主席。

12月，参与创办贫民小学。

1916年　17岁

4月，在《清华周刊》发表《二月庐漫纪》。

9月，担任游艺社副社长。

1917年　18岁

6月，担任《辛酉镜》总编辑。

9月，认为参与招考华工译员的同学"爱国无罪"。

10月，被选为清华国语演说辩论会会员。

1918年　19岁

11月，和清华师生一起参加天安门举行的第一次世界大战协约国胜利集会。

1919年　20岁

2月，成为《清华学报》编辑。

5月，为五四运动所感，在清华食堂门口贴出自己抄写的岳飞《满江红》词。

参与罢课、国耻纪念会、入城宣传等活动。

参加清华学校暑期学生代表团工作。

8月，在全国学生联合会闭幕式上聆听孙中山演说。

12月，成为清华学生会辛酉级代表。

1920年　21岁

3月，组织上社。

发起电影问题的讨论。

1921年　22岁

6月，为抗议"六三惨案"，参与罢课，拒绝参与大考。

8月，面对学校允许拒考同学写悔过书即可留洋的做法，坚持无过可悔。

9月，留级。

11月，参与新成立的清华文学社。

1922年　23岁

1月，回家结婚。

7月，乘船从上海赴美留学。

8月，抵达芝加哥，进入芝加哥美术学院学习。

12月，长女出生。

1923年　24岁

获得美术学院最优等名誉奖，但未能赴欧访问。

9月，成立大江学会。

同月，转学到科罗拉多大学。

同月，第一部诗集《红烛》在上海泰东图书局印行。

1924年　25岁

6月，从科罗拉多大学毕业。

9月，进入纽约艺术学院学习。

12月，与熊佛西等人排演的《杨贵妃》公演。

1925年　26岁

3月，参加纽约华侨追悼孙中山先生大会。

5月，离开美国。

8月，加入新月社。

9月，被聘为北京美术专门学校筹备专员。

1926年　27岁

1月，将妻女接来北京。

7月，带家人回到浠水。

9月，被聘为吴淞国立政治大学教授兼训导长。

冬天，长女夭折。

1927年　28岁

2月，进入国民革命军北伐军总政治部任艺术股股长，一月后离职。

7月，认领新月书店股份。

9月，被聘为南京第四中山大学文学院外国文学系主任。

1928年　29岁

1月，第二部诗集《死水》出版。

8月，任武汉大学教授兼文学院院长。

1929年　30岁

9月，开始讲授"英诗初步"。

1930年　31岁

6月，辞去武汉大学文学院院长职务。

9月，被聘为青岛大学教授兼文学院院长、中国文学系主任。

1931年　32岁

全力进行中国文学研究，"开始草写唐代诗人列传"。

1932年　33岁

8月，应聘为清华大学中国文学系教授。

1933年　34岁

12月，出任《清华学报》编辑。

1934年　35岁

11月，迁居清华新南院七十二号。

1935年　36岁

将楚辞课改在傍晚进行。

对一二·九运动持同情态度。

1936年　37岁

11月，参与绝食，声援绥远的抗日斗争。

1937年　38岁

7月，带家人由津浦铁路南下，经南京到武汉。

11月，长沙临时大学开课，讲授"诗经""楚辞"。

1938年　39岁

2月，和其他师生组成湘黔滇旅行团，步行赴云南。

4月，抵达昆明。

8月，到贵阳接家眷。

9月，在日军空袭中受伤。

1939年　40岁

2月，负责设计灯光、背景的话剧《祖国》在昆明上映。

7月，邀请曹禺来昆明指导《原野》的演出。

1940年　41岁

5月，与清华大学续聘。

生活艰难，书籍、衣物几乎变卖一空。

1941年　42岁

2月，让出一间屋子给华罗庚一家居住。

10月，搬到清华大学文科研究所居住。

1942年　43岁

3月，《楚辞校补》出版。

重新开始研究《庄子》。

1943年　44岁

与联大同仁组织十一学会。

9月，发表《庄子内篇校释》。

1944年　45岁

治印贴补家用。

指导新诗社的活动。

6月，开始参加西南文化研究会的活动。

秋天，以个人身份加入中国民主同盟。

1945年　46岁

8月，得知日本投降的消息，把蓄了八年的胡须剃掉。

8月15日，出席"从胜利到和平时事晚会"。

9月，主持"从胜利到和平"晚会。

1946年　47岁

1月，与潘光旦、费孝通、吴晗联名发表《致马歇尔使书》；与吴晗、李源、胡钊联名发表《释放政治犯再也不能拖延了——兼为羊枣先生的暴死集中营控诉》。

2月，担任"庆祝政治协商会议成功、抗议重庆二一○惨案、坚持严惩一二·一惨案祸首大会"主席。

3月，参加为一二·一四烈士举行的葬礼和游行。

4月，辞去清华大学中国文学系主任。

7月15日，上午参加李公朴殉难经过报告会，即席发表最后一次演讲。会后回家，再到民主周刊社主持记者招待会。招待会结束后，闻立鹤接父亲回家，快到家门时，潜藏的特务开枪射击。闻一多头部中弹，不幸身亡。